跌倒沒關係，沒人看見就好

郝慧川——著

僅以此書獻給：

我的父母森灶、彩彩，你們一直讓我做我想做的事，讓我在成長的路上從不覺得自己矮人一截，除了身高。

我的雙胞胎姊姊，我的童年和青春因妳而荒謬有趣。

奶奶戌妹，妳是我生命中認識過最有才華與智慧的女人。

摯友宇良，你讓我常常有種：「如果沒有遇見你，我將會是在哪裡？」的疑問。

我們都喜歡郝慧川，因為……

聰明幽默、有點皮，還有點賤。—— 台北 Jason

每每讀他的文字，嘴角總能抽動到似顏面神經失調。
—— gr_ceee

總能把現實的苦用平靜又詼諧的語氣陳述出來，句句見血，讓我
笑中帶淚。—— 板橋雞排公主

字裡行間充滿著讓人上癮的魔性，還沒讀完段落，嘴角已經不受
控的上揚。心情不好要看他的文章，心情好也要看，心情剛好更
要看。他的文章不只是垃圾話，還是最高級的垃圾話。
—— 台北 Ian

喜歡他的三有：有幽默、有才、有肌肉。—— meiiii

在他簡單明瞭的文字裡，總能找到一絲人生道理。
—— Many Glacier 的 Wing

喜歡他的幽默，迷戀他的放蕩，最愛他在狂野世俗中的智慧！請繼續寫下去！讓我們繼續愛危險的你！——水淘柱赫

時而瘋狂，時而內斂，像朋友般的存在。——汐科紫棋

喜歡他的知性與文字的力量，溫度不容小覷。——桃園 Chloe

他有沉穩的質感，不按牌理出牌的思想與文字，擁有看透世間的眼光，但選擇用幽默表述，還有莫名其妙的自信。
——台南 tstshouting

恰如其分的垃圾幽默，減一分則太瘦，增一分則太肥的穠纖合度！——廈門街 Hannah Wu

他的文字輕描淡寫，卻具重量。——台北妮摳

隨時有種情緒飽滿的瘋癲狀態，用白眼和冷眼面對一切。
——台北小王

喜歡讀他的文字，好像溜滑梯溫柔的彎來轉去，隱晦卻又直白，還有種親切感。希望買了書之後，以後可以告訴孩子：「這是你媽以前最喜歡的書。」——潛水小粉 sy7_11

充滿歷練又有很多好笑內心話的文字，希望可以一輩子都背著我老公默默追隨他。——台南英文老師

喜歡他的文字，貼在辦公桌前，是翻桌、飆髒話前的鎮定劑。
——在上海奮鬥的 Eva Chang

長得很像我前男友。——Niyang Ko

我愛他的內斂、搞笑。看似輕描淡寫，但其實很用心在體悟和感受生活。——柏佑

喜歡他的幽默、善良，and very good looking。——Fence Cat

一語驚醒夢中人，在調侃自己之餘還能保有滿滿的正能量。
——譚曉雯

把大事說得雲淡風輕，卻讓看的人有笑著繼續面對鳥事的勇氣。——Jen Hsieh

他的文字讓我知道原來廢文可以這樣勵志又不討厭，還能反省人生！在金欲與肉欲的現實裡，還能時時醒來做自己。
——南港小 S

寫到骨子裡的幽默

李昭融

第一次見到慧川的時候是在民生東路的公司，老實說，見面時沒什麼印象，只覺得這個新同事寡言，臉上也沒有什麼特別的情緒。對於一個上班時間彈性的公司而言，剛好這個新同事每天跟我到公司的時間點相近，於是我們開始一起吃午餐。

跟慧川越來越熟之後，發現他在狀似沉默的外表下有著一顆很野的心；看似冷漠的舉止中有著暖男的體貼。他更有與生俱來的超能力，那就是在文字上各種不做作的浮誇，比如說他曾在交稿時寫過某男星是「十指不沾陽春水」，我入行十年來真的從沒看過這種比喻（我將此歸因於太陽巨蟹、上升處女和水星獅子的絕妙互補）。

可能很多人已經知道，郝慧川這個筆名，來自於雜誌現在已經停擺的單元「Fashion In & Out」。每個月寫兩個單品，然後在圖庫公司找名人穿搭單品的 In 和 Out 照片。在古早之前其實是我的單元，但某個月，我實在是太忙了，請他幫忙，這單元需要的字數不多，但不過短短幾行字，就展現了他精闢幽默、尖酸卻不

過度的一針見血垃圾話功力。

　　當然，這都只是最初的開始，後來的故事大家都知道了，慧川開創了粉絲專頁，分享了他在生活、兩性和職場的各種看法，然後突然間，我身邊的朋友開始說：「天啊，我真的好喜歡慧川喔！」「可以請你幫我跟慧川要簽名嗎？」

　　他累積人氣之餘也越寫越好，然後現在甚至還出了一本書！而且這本書真的很有質感底蘊，貼近人心的文字，描繪了當下環境的縮影，讀來輕鬆，但內容絕不簡單。嬉笑怒罵中帶點溫暖的文字，甚至有時候讓人讀起來眼眶濕濕的……

　　諷刺、幽默、詼諧……這些都只是書裡面的一小部分，更多的是他著著實實寫出了我們這代人可能遇見的困境，或是生而為人，關於面對疏離、虛偽和膚淺的情景。並且在時而歡快、時而尖酸、時而溫暖的文字中以幽默點綴，畫龍點睛的在文字上染上美好的色彩。

　　在慧川的文章裡，你會看到很多人兒的剪影，有些是你，有些是人生路上的別人。但或許因為認識他，知道他這一路的歷程，我看到的更多是他個性和文字上的獨特魅力，浮誇而真實這兩種全然極端的特性，在他的文章裡巧妙共存。

　　如果你跟我一樣，有時候在喧擾的大都市覺得疲憊，感到孤單，有時候面對早晨的陽光有點失落徬徨，不知道今天該怎麼過。那麼，拿起這本書吧，它給你的或許是種很難言語的悸動，

又或者是寫到骨子裡的幽默，但肯定的是，比坊間強調正能量的書籍更眞實、更動人。

（本文作者為《美麗佳人》採訪主編）

不鄉愿不譁眾，還有著俏皮的溫暖

岳啟儒

　　第一次見到慧川，是在我幫客戶辦的一個時尚派對上，現在像這樣有著音樂、香檳的高端氣氛場合，是一定要邀請網紅們前來加持的。同事跟我說「郝慧川來了！」我立馬以行政命令要求，幫我介紹他。

　　「你好，我是Cindy，我太喜歡你的文章了。」

　　不知是不是被我如此直接的告白嚇了一跳，慧川嘴角微揚，帶著隱約（就是不知有沒有）的笑意點了點頭，沒有多說什麼。我則是很意外他跟我想像得不一樣，印象中通常諧星都長得圓圓的，或是眼大嘴大的表情很古怪，以為他會唧唧呱呱講個不停；沒想到慧川長得乾乾淨淨，流露著一臉氣質很好的帥氣。

　　這真的是文字裡流動著幽默詼諧、以自嘲是垃圾話闡述人生真諦的郝慧川嗎？

　　只能說網路虛擬的世界裡，沒有什麼一定的準則。

　　我會開始追蹤慧川，是因為同事邀請他為我的時尚網站新事業Wazaiii寫文，擔任駐站達人。看了文章後我非常驚豔，怎麼

有人可以用輕鬆的筆觸闡述深度的時尚觀點？讓閱讀沒壓力，腦子有收穫，心情也放鬆了。

那一晚，我在被子裡滑著他臉書的文章，意猶未盡的一篇接一篇，還得摀著嘴忍住笑，以免吵醒身旁打呼的老公。

我不知道為什麼慧川要找我寫序，事實上我們連聊天都沒有過。但是追蹤他粉絲專頁的人都會覺得自己跟他很熟，你會很想去他家的早餐店吃早餐，也很想見見小時候和他一起在神壇前玩大便的姊姊，還有英文很好的奶奶戌妹……所以想了五秒，我就答應了，內心的小戲劇告訴我，寫了序我就成為粉專上的粉絲代表了，就像小時候當班長，這可是莫大光榮啊！所以要趁他尚未反悔前趕快交稿。

因為要寫序，有幸拜讀了幾篇新書的內容，真的迫不及待想要入手和推薦，深深覺得這是一本老少咸宜的書。你可以把它當成心靈成長勵志書，或是職場及愛情教戰手冊，甚至笑話大全也可以。

十幾歲青少年看了學習幽默。

二十幾歲幫生活打預防針。

三十幾歲正好修煉。

四十幾歲驗證人生。

五十歲以上就當讀這本書來了解下一個世代在玩什麼把戲吧！

這不是購物台廣告，這是我對慧川的讚賞。

現在靠著花招在社群上吸睛的網紅太多了，P圖P得美侖美奐的照片，KOL賣弄扭一扭的影片，不知所云卻點閱率超高的搞笑視頻，最可怕的是充滿煽動性負能量爆棚的酸言酸語，這些不斷的充斥在我們除了睡覺眼神都沒移開的手機螢幕上。我看著那些作怪畫面或不停吃麵的直播總是笑不出來，生活中的煩憂也沒有因此化解，更不知道迷茫的年輕世代要怎麼繼續維繫小確幸，或是勇敢的大突破了。

我想說的是，我之所以欣賞慧川，是因為他文字裡的正能量（當然他也具有美貌，請追蹤他的IG就會知道），不鄉愿不譁眾，還有著俏皮的溫暖；在你面對挫折無奈時，有一個人用同理心和你站在一起，告訴你轉個念吧！跌倒了沒關係，沒人看見就好。

（本文作者為仲誼公關總經理）

寫著寫著，就一本書了

你好，我是慧川，當你拿起這本書，翻到這一頁時，就注定了我們之間的緣分。

有些人和我的緣分早一些，是從我的粉絲專頁認識我的。開粉專為我的生活帶來不少改變，它讓我認識很多人，甚至得到出版著作的機會。我一直覺得這一路走來很神奇，而這本書的誕生過程，我想說給你們聽。

小時候我曾在「我的志願」中寫下想當作家的願望，但那時候我就知道「我的志願」裡面寫的就是不可能的事情，所以除了作家之外，我還寫過金剛戰士。為什麼想當作家，那時的想法很簡單，因為覺得寫寫字就有錢賺好像很輕鬆。

我是個早熟的孩子，小學時就嘗試寫小說，想寫一個轟轟烈烈的愛情故事，但是女主角在五百字內就被車撞死，男主角也傷心到吐血死了，那時我便親手埋葬了我的夢想。

高中時，我在一次模擬考的作文中拿到高分，國文老師在全班面前誇我文筆，還說「值得期待」。然後又發現，原來我好像還是滿喜歡寫東西的。也許是青少年賀爾蒙作祟，那時並不覺得寫作這件事有多酷，所以壓著沒讓這個夢想冒出頭。

　　我的第一份工作是在報社翻譯新聞，還記得當時常常被退稿，原因是翻出來的中文太彆腳，那時花了很多時間練習寫出通順的中文；幾年的磨練後，我到雜誌社擔任採訪編輯，那又是另一個磨練的開始。

　　寫人物採訪很困難，常常要把清水變雞湯，明明就是一個極度無聊的採訪，也要為受訪者加戲，還要加得剛剛好，不匠氣、不矯情。然後，我又經歷了一段被退稿的地獄，好在後來漸漸抓到訣竅，可以寫出讓主管滿意的文章。

　　一次，為了支援同事的穿搭單元文章，我用了「郝慧川」的化名，評論好萊塢明星的穿搭品味。在那個單元中，我放飛自我，讓內心深處那個調皮戲謔的我執筆，沒想到廣受好評（害臊）。接著，我在朋友的慫恿下開了同名粉專，原本只是想在上面說說垃圾話，沒想到就這樣紅了（臉不紅氣不喘的說）。

　　這時，已經開始有品牌來邀稿、詢問合作，而最讓我驚訝的是——有人要找我出書！而且這段過程有如戀愛、結婚、生子。

開始其實至少有三家出版社來約我喝咖啡，問我有沒有興趣。天啊，我當然有興趣啊，我像個情竇初開的少女，眼裡藏了北斗七星。

有人問：「我們看過你的文章，對你很有興趣，你有沒有什麼想法？」蛤？不是你找我來的嗎？

「我滿喜歡你的風格的，但你的粉絲數可能還不夠多，要再經營一下粉絲人數。」好的，沒關係，還好咖啡是你買單。

「你在時尚產業工作，不然你寫一本書來揭露秘辛吧？」我不知道有啥產業秘辛，但我可以揭露同事的體脂肪數字，書名大概會是《穿著PRADA的五花肉》，讀者會有興趣嗎？等等，好像真的滿有趣的？

顯然，以談戀愛來說，這些人只是愛上我美麗的皮相，沒有人看到我的靈魂，所以我再也沒和他們接觸，直到方智的出現。

方智的企畫蕙婷約我見面的當天就遞給我一份提案，她知道郝慧川擅長寫什麼，可以寫哪些主題，甚至把我成立粉專三年來的里程碑都列出來了（也付了咖啡和蛋糕錢），著實讓我感受到誠意。所以，很快的我們就步入禮堂，喔不，是簽下書約。

未料簽了書約之後，我做了職涯上的跑道轉換，從時尚跨到

科技，又歷經搬家、適應新工作等種種雜事，加上懷疑自己是不是真的能寫出一本書，身體的勞累和心理的各種負面情緒交織下，我甚至有放棄出書的念頭。

好在蕙婷一路鼓勵，時常訊息問候，包容我的不爭氣，有句話說得好：「烈女怕纏夫」，在她不放棄的糾纏下，我終於屁股夾緊、提起筆把書完成，拯救了這本差點胎死腹中的作品。

我們從出生到現在，一路上或大或小，都經歷過且持續的面臨「跌倒」這件事。這本書叫《跌倒沒關係，沒人看見就好》，集合了我自己和朋友的經歷，希望大家以一種扭曲的樂觀態度面對人生。書裡沒有什麼太大的哲理，只希望大家在讀時會心一笑，能夠稍稍撫慰為了某些原因而受傷的心就夠了。

也許你只是剛好路過書局，被這本書的封面吸引；又或是你本來就認識郝慧川；不管你是因為什麼拿起這本書，都快去櫃檯付錢吧，喔不，我是說，都希望你好好珍惜我們之間的緣分。都說到這份上了，還不去櫃檯付錢嗎？

最後，謝謝方智出版的蕙婷、瑩貞，妳們的品味很好。謝謝一路上幫忙及允許我把你們寫進書裡的親朋好友、繆思們，以下

順序不代表任何意義：

　我的粉專推手徐克、Rebecca；西瓜，希望妳快點實現夢想；讓我有個精彩倫敦求學生活的夥伴：豬臍、Vicky、史黛、Angie、喪尼、Bonnie、Kerstin、Celest、Joon；高中好友與業障們：皮皮、屁精、屎王、Emily、年紀比較大的Emily、寶螺；我的外甥、昭昭居士、沙蝦、阿鵝、藕姐、Yuli、ALLS 93級……謝謝你們成為我故事中的主角、配角，如果我忘了提到誰，對不起，我欠你一杯咖啡。

　還有我那三萬多且持續攀升的粉絲們，你們給了我很大的力量和靈感，沒有你們，就不會有這本書。

　也感謝無數杯咖啡、UberEats、FoodPanda、Honestbee，以及那個忍得住寂寞的我自己，我終於寫完了。

　最後最後，不管你有沒有買下這本書，都願你一生平安。
　我愛你／妳／你們。

　　　　　　　郝慧川寫於台北市信義區（租來的）小豪宅

PART
1
關於人生：
生活是過出來的

這是一段尋找自己的過程，我們都有一個自己想成為的樣子，
奔跑追求的過程中總會絆倒幾次，痛到想哭，別怕！幾年後回想會覺得好笑的。

CONTENTS

PART
2

關於工作：
職場如江湖

這是一段在江湖浮沉的章節，職場一帆風順很少見，
只是看你如何忽略心理陰影面積。因為你知道的，沒人在乎。

PART

1

關於人生：
生活是過出來的

這是一段尋找自己的過程，
我們都有一個自己想成為的樣子，
奔跑追求的過程中總會絆倒幾次，痛到想哭，
別怕！幾年後回想會覺得好笑的。

善良的人該先學會自私

善良的人，
事事都為人著想，處處都體貼別人，
但當遇到不是那麼好的人時，受傷的永遠是自己……

這個世道真的很壞，對吧？

人家說善良是一種選擇，但選擇善良時，很多時候都會碰上一種困境：很衰。

這種事情在學生時代其實就很容易看出來了，回想起那時的我，可以說是善良的代名詞，全班都知道我很熱心助人，對朋友也很大方。那時的我用壓歲錢買了一台電視遊戲機，在那個時代有一台遊戲機相當於擁有一個Supreme聯名商品般了不起。這個消息不脛而走，我在男生朋友間的聲望也一飛沖天，但我仍舊像個飽滿的稻穗般謙虛，因為老師說，越飽滿的稻穗頭垂得越低。

之後，我開始有很多朋友，下課後很多同學都很主動的說要到我家玩，爸媽一開始也不覺得有什麼，反正就是好同學來家裡玩。那時我只是一個轉學生，剛到一個新環境沒什麼朋友，突然受歡迎後覺得非常開心。慢慢的，同學一待就是一個下午，假日甚至待上一天，他們會告訴我最近出了什麼遊戲，然後帶著我去買遊戲，錢我出。我不覺得有什麼奇怪的地方，反正大家都開

心，那有什麼關係。慢慢的，我成績開始退步，因為課餘時間都在打電動，最後我的遊戲機還壞了，沒有任何人願意出錢修理或再買一台。最後，那些「好朋友」也不來了。

我還有個十多年的好友W，是個非常好的人，總是把朋友放心上，如果朋友缺錢，她的口袋裡有五百塊就會掏五百給對方。但她也常說：「為什麼自己總是那麼衰？」老天似乎沒有因為她的好心腸而分給她較多運氣。

W有個同鄉朋友，因為有些共同背景，所以很聊得來，也常會在工作之餘互相關懷對方。後來，這位朋友要到澳洲念書，W甚至自掏腰包借了他一些錢當作生活費。要知道，W在台北市生活，打了兩份工，省吃儉用才能勉強打平生活開支。

拿了W的錢後，這個人到了澳洲。剛開始還和她保持聯繫，但一段時間後，開始滿滿不讀W的訊息，最後就消失了。後來得知，因為他覺得W來找他一定是想討錢，所以避不見面；不過，奇怪了，你欠人家錢，人家跟你要也是天經地義吧，更何況W根本沒開口要過。

還有一次，W的好友愛上一個渣男，至於有多渣，我也不想浪費時間描述了，反正這女的因為渣男欠了債，為了還錢，生活

過得很苦。W看了很不忍，告訴我她還想再去打一份工，幫她一起還錢。我聽了之後，用盡洪荒之力制止她，差點氣到跟她絕交。W過得並沒有比朋友好太多，她也常問：「到底什麼時候才可以不要過得這麼拮据？」我提醒她衡量自己的能力，不要逞強幫忙。

不過，我知道W想幫忙並不是因為逞強，而是因為她真的不想看到朋友為了生活辛苦。我很喜歡善良的人，他們是人性最美好的風景，他們看到別人的需要，想幫忙解決，但很多時候卻忘了應該「自私」。

自私是一個很醜陋的詞。

小時候吃點心如果想獨占、不想分給其他人時，老師或爸媽會告誡我們不能這麼自私，不能只顧著自己好，也要分享給別人。好了，重點來了，這個偉大精神和情操的前提應該是「自己要先好」，對吧？

小時候聽見別人說你「人很好」時，會覺得那是一個誇獎，心裡會很開心；長大以後，聽到別人說你很好時，常常不是好事，因為他們可能在吃你豆腐。例如同事、別的部門，甚至你的客戶要你「幫幫忙」，花點時間幫他們處理他們的工作，要你幫忙疏通什麼或給個便宜的價格，導致你自己的工作做不完、加班，慘一點的甚至還會出包。

為什麼好心會沒好報？很多時候是因為我們做了超出自己能

力的事去「幫忙」別人。

　　搭飛機時，你會看到安全指示上寫著：發生緊急事故時，不管怎樣都要先幫自己戴上氧氣面罩，再去幫忙別人，即便坐在身邊的是一個孩子。因為，如果你自己都出事了，怎麼還能幫助別人呢？不過，過於善良的人往往會忘了這個重點──「先顧好自己才能幫助別人」──所以善良的人常常很衰，也許運氣好時，可以碰到一個好人，能記得你對他的好，在自己有能力報答時會湧泉以報，就像很多民間故事那樣。可惜，現實生活很多時候並沒有民間故事那麼天真；對，很多民間故事其實很天真，像是好心一定會有好報，或是你全心全意對一個人，就一定能讓頑石點頭。

　　善良很好，也一定是人性應該要保有的很美好的一部分；但是，請先顧好你自己，否則就別怨自己為什麼總是那麼衰。

心碎的人別喝雞湯

很多時候，
你只有自己一個人和一顆玻璃心面對這些烏煙瘴氣，
事情過了不去想、不去恨，並不是因為寬容……

一個編輯朋友說，她在製作美妝品開箱影片時，有位網友留言說她皮膚好黑，讓她有點受傷，但又覺得自己是否太玻璃心？我跟她說：「妳應該對那位網友說『你的心才黑！』」

我在想，市面上的心靈雞湯教主或宗教大師若碰到這個狀況，會告訴我們什麼？——「別跟他計較，他不知道自己在說什麼」「別人之所以會批評我，一定是我不夠好」「我們要包容別人的惡言惡語」「被這樣的言語影響是自己的內心不夠強大」「他上輩子是頭豬，你是屠夫，因為種下惡緣，所以他這輩子要來傷害你」……

ok！我接受他上輩子是頭豬，但我不接受他的傷害。

Excuse me？我只是一名喝水會撒尿、吃飯會大號的凡夫俗子，無法用寬容的態度看待他人的惡意，畢竟我也沒壞了他人的祖墳風水，也和大家一樣吃奶奶嚼爛的食物長大，為什麼我要包容你的沒禮貌？這根本是加了瀉藥的雞湯，喝了對身體不健康，還會烙賽。

就像我有個女生朋友做牛做馬還被劈腿，事後竟反省自己「是不是做錯了什麼？」她分享給我她閱讀的一些文章，都是一些要她不要恨劈腿男，劈腿男的出現是為了教她一些事，她自己一定也有做錯什麼，一定要讓自己變成一個值得愛的女人；「花若盛開，蝴蝶自來；糞若新鮮，蒼蠅撲來」（ok，糞的部分是我自己加的），我只能說，作者若不是孔子轉世，就是沒被劈腿過的人生勝利組。

　　我同意碰到壞人一定可以教會你一些事，讓你的人生經驗值升等，但一味正面的要你原諒和遺忘就大可不必了，如果不能在有力氣時用力的生氣，套一句電影《喜歡你》裡顧勝男的台詞：「枉為人！」而很多時候的原諒，是因為時間久了，沒力氣再恨或憤怒，並不是因為發自內心的原諒——因為我不是原諒系的。

　　所以，當別人說你黑、說你醜，無須因為想反擊而覺得自己玻璃心或沒氣度，因為是他先沒禮貌的吧？被劈腿了，就每天詛咒他出門扭到腳又何妨？討厭或恨一個人是很痛快的事，當下就該好好享受，要恨，就深深的恨。

　　不過，負面情緒就像油炸食物，吃多輕則上火、重則發胖，所以恨要恨得有節制、有期限。人人都有扮演悲劇英雄或反派的渴望，享受夠了，最後還是要放下。但別誤會，並不是因為時間讓你成熟，或是在宇宙面前我們只是渺小的分子組成，對紅塵所有俗事都要用更寬廣的胸襟去看待，並且去包容別人的惡意，沒那回事！

路還很長，接下來只會有更多鳥事爛人等著你。很多時候你只有自己一個人和一顆玻璃心面對這些烏煙瘴氣，事情過了不去想、不去恨，並不是因為寬容，而是因為——真的沒空。

轉念的力量

日常除了有許多讓你跌倒的絆腳石之外，也有大大小小的不快，
雖說不至於荊棘滿途，但也足夠心煩，
不過，如果你肯厚著臉皮笑一下，春暖花開還遠嗎？

之前剪頭髮時，我告訴髮型師：「我想剪短了。」剪完後他很得意的說：「我最近去看了《角頭2》，覺得你很像裡面的一個角色。」喔喔～這樣啊，怎麼聽起來滿帥的，嘻嘻。

隔天，我發照片到社群媒體後，有位很久沒見的朋友留言問我：「是不是拿金正恩的照片去剪的？」於是，我又想起為什麼我和他很久沒見了。另一個同事問我：「為什麼要剪頭髮？之前那樣子還不錯啊！」我想，一個成熟及足夠社會化的成年人都會知道，他正委婉地告訴你：「頭髮剪壞了。」

沒關係，很多人在某些時期都會有一個特別想嘗試和追求的造型，但那個樣子可能都不是最適合自己的。

就像小時候曾流行過「刻髮」，當時髮型師也問我要不要刻一下，完成後他很滿意的說：「好像滿像余文樂的」。但在回家路上，同學跟我聊到他也有一樣的困擾，什麼困擾？喔喔～原來他有「鬼剃頭」的問題，需要看醫生的。

換句話說，我花了五百元換來一個皮膚科門診案例。謝謝提醒。

這樣的情況在我們的生活中不斷發生，例如：嘗試了日系風格的寬管褲，朋友問你是不是去特賣會找不到合適尺寸而硬買的；同事剪了一顆水原希子髮型，旁邊的人說滿好看的，很像蔡英文（不是說蔡英文不好看，但她不是一個普世美感指標）；或是男生朋友硬把頭髮留長，可能在腦中勾勒出自己長髮飄逸、有幾分浪人藝術家的畫風，但現實可能比較像名字叫金鳳之類的歐巴桑，就像川爸以前也因為喜歡劉文正而蓄髮，那段時間我一直覺得他像豬哥亮。

然而，我想說的是，不要因為這些質疑就害怕突破，有些事現在不做，以後就很難做了。

當你被說像金正恩時，你必須要有臉的質疑他：「金正恩有這麼帥？」自己的美感被質疑時，一定要有勇氣直視對方的眼睛，說你正在嘗試新的風格；剪了一顆蔡英文頭，也要勇敢的說，只要把臉去掉，你就是水原希子；男生把頭髮留長了，可以說你最近正在認真生活，沒時間管頭髮這種鼻屎大的事，霸氣側漏。

生活，其實就是過出來的，沒人說你該怎麼過你的生活，但總得有個方式。

作為一隻長年的單身狗，算算也自己住了好幾年，最常被問到的問題就是：「一個人不寂寞嗎？」嗯，該怎麼說呢？會，好像也不會。到了一定的年紀後，「單身」很多時候是一個選擇，並不是出於無奈。曾有親戚問我：「難道你要自己過一輩子，這

也太奇怪了吧？」當下我的確是覺得自己有點奇怪，愛情空這麼久也沒關係？

其實我不是一個孤僻的人，只是太愛一個人生活的自由，也因為屬於自己的時間多，可以自在的調整生活步伐，對任何事物產生興趣時，也可以立刻去做，就像我最近愛上去健身房一樣。

可能因為習慣了這樣自由、有彈性的感覺，便開始變得不太擅長妥協，不想與合不來的室友妥協，不想和價值觀不同的人磨合，更不想掉入「幾歲就應該結婚生子」的窠臼。看過幾個朋友，都在「適合的階段」走入家庭，但在我寫這本書時，有三對夫妻正在討論離婚。

我並不是要倡導婚姻不靠譜，而是在這時候我有個感覺：從來都沒有一個「什麼時候該做什麼」的階段或年齡，在有了萬全心理準備，準備好迎接或塑造下一個階段的自己之前，能夠掌控自己的生活、活得有品質才是最重要的。

單身的日子過得快樂很重要，如果因為別人的質疑，或是他們的生活和自己不一樣，就感到動搖或焦慮，那就可惜了這段自由時光了。在自己的生活狀態下讓自己活到最好，儘管生活不斷拍打你的臉，也要保持信心，只要懂得轉念，你就有臉迎接嶄新的一天了。

粗暴的讚美與溫暖的巴掌

> 「撩」的最大重點是要製造戲劇張力，
> 要製造戲劇張力，就必須有反差感，
> 這可以用在任何人身上，不限情人。

在這個世道下，單純的讚美已經太無聊了，必須加點花式元素；而當必須言不由衷時，又不能直截了當的說出來，因為太過於粗暴。所以，針對誇與不誇，我推薦兩種方式，我稱之為「粗暴的讚美」與「溫柔的巴掌」。

關於花式讚美……

之前曾流行過所謂「古人撩妹金句」，網友們都發揮得很有趣，但卻很難在日常生活中應用，畢竟你不是蔡倫也不是唐太宗，如果你真的用了，只會被當作神經病。

那難道就沒有日常生活中可用的句子嗎？

有的，但是你必須先掌握一個大原則。

「撩」的最大重點是要製造戲劇張力，要製造戲劇張力，就必須有反差感，這可以用在任何人身上，不限情人。最容易的方式就是要先 diss（disrespect，意指不尊重或輕視）對方，沒錯！就是 diss，但又不是完全的 diss，如果只 diss 的話那叫公然侮辱，必須要在當中放進具有衝擊力的誇獎。

這樣講解完可能大家還是有點糊塗，那我先示範幾個好了。

「妳體脂這麼高還敢吃？還好妳長得漂亮。」

「你胖了沒關係，這樣我就可以看到更多的你。」

「爲什麼妳又遲到了？就跟妳說她已經這麼漂亮，爲什麼還要浪費這麼多時間化妝？」

「你也穿得太醜了吧，也好，這樣就不會有這麼多人像我這樣注意你了。」

「你擋到我的路了，但這是今天發生在我身上最美好的事。」

「你可不可以閉嘴，你的聲音讓我意亂情迷。」

「我討厭你，我眞的很討厭太完美的東西。」

「你可以去洗個碗嗎？我想你想了一整天，已經夠累了。」

「你好毒，爲什麼讓我生了沒有你就不行的病？」

「你是不是吃飽沒事？不然爲什麼一直闖進我的思緒？」

「你去死！像你這麼美的東西應該只存在天上！」

以上爲大家示範幾個滿老少咸宜又生活化的句子，希望大家可以融會貫通，只要先掌握diss的原則並加入一點巧思，相信大家都可以撩贏古人。

當你不想誇獎對方時……

生活中總有些時候，你必須給意見但又說不出好話，這時要

怎麼處置才能不傷感情呢？來，我教你。

之前我到一間泰式蔬食餐廳吃飯，隔壁坐了兩位出家人和一位有頭髮的中年婦女（不知道怎麼稱呼，所以先這樣），儘管時間短暫，但她們的對話卻帶給我很深的體會。

出家人與有頭髮的婦人（好累，以下簡稱婦人）先是討論寺廟環境清潔的問題，其中一位比丘尼首先發難，抱怨最近的義工打掃很懶散，廁所常常都沒洗乾淨；接下來的時間內，大概有十幾分鐘都在抱怨義工，以及如何改進打掃不認真的問題。原來，出家人的日常也跟一般OL沒什麼太大差別。

接著，婦人的話鋒一轉，似乎轉到另一位同事身上。

「我覺得她的打扮太隨便了！」其中一位比丘尼附和：「是啊，真像一個歐巴桑。」聽到這，我筷子上的炒芥蘭稍微滑落。婦人接著說：「我就有建議她頭髮還是要綁一下，結果過幾天她真的綁起來了，哎呦，看起來好看多了，真是慈悲、真是莊嚴。」另外兩位比丘尼點頭稱是。

接著老闆端上一盤菜，比丘尼問：「這道菜是什麼？看起來真是莊嚴。」「唉呀，妳身上這件衣服真好看、真莊嚴。」

聽到這裡，我似乎有了一些領悟，其實在我們生活中俯仰都是「莊嚴」與「慈悲」，假如能好好應用，必能令生活更為法喜充滿。

就拿稱讚人這件事來說，我們常常被詢問意見，卻又不知該

怎麼回答,如果能夠好好善用這兩個簡單的詞彙,就可以圓融的避開鋒利問題,不致顯露自己心不在焉或對於某件事理解不足。

　　例如:老闆問你某個數字如何時,你可以說:「老闆,我覺得這個數字看起來真莊嚴。」當同事換了新髮型,大家都在稱讚他,但你卻找不到有什麼可以稱讚的時候,也可以說:「我覺得你的新髮型真莊嚴。」女友問你,她今天看起來有什麼不一樣,你也可以說:「我覺得妳今天看來特別慈悲。」聽到這裡,女友怎麼會對你發脾氣呢?朋友問你新買的衣服好不好看,你覺得不好看,但切記「良言一句三冬暖,惡語傷人六月寒」,千萬別說醜死了,試著從另個方向鼓勵他:「我覺得你穿起來真莊嚴。」這樣是不是好聽多了呢?

　　看到這裡,有人可能會覺得:「我到底看了什麼?」別擔心,這是正常反應。如果你看了之後,心中躍躍欲試,聽我一句話:千萬不要。

陪我

沒有誰真的能夠陪誰走到最後，
每個人獨自來到世上，
走的時候也會是一個人。

有人說，人生是一場漫長的修行，很多時候你都是要自己一個人的，所以「習慣有人陪」是件很可怕的事情。

在我心中最偉大的經典名著《小叮噹》中（ok！我知道他現在叫哆啦A夢，但我還是習慣叫他小叮噹），小叮噹乘坐時光機到二十世紀幫助大雄，進入大雄的生活，在他困難的時候、被欺負的時後、心情不好的時候都陪在身邊安慰他，為他從口袋裡掏出道具，兩人成為最好的朋友。

那時我最羨慕的就是大雄，不管發生什麼事，只要抱著小叮噹就全都解決了。導致我常常幻想，是不是有事沒事只要打開抽屜看一看，也會有像小叮噹那樣可愛的生物從裡面跳出來，幫我寫作業、帶我到處去玩。

不過最後，小叮噹告訴大雄自己要回到

二十一世紀了，以後不能幫他了。大雄為了讓小叮噹可以放心離開，就單獨跑去找技安（現在叫胖虎）單挑，以一種「打不死的蟑螂」態度嚇跑技安。當他拖著滿身傷痕回家想告訴小叮噹這個好消息時，發現好朋友已經走了。他一個人坐在空盪盪的房間裡掉下眼淚，嘴角卻帶著微笑，他在心裡告訴小叮噹，以後沒了他，他還是會好好的。

那時的我在家裡哭慘了，我無法接受小叮噹和大雄的故事就這樣結束，或者是我沒辦法接受小叮噹就這樣走了，他應該要一直陪著大雄啊！他們不是最好的朋友嗎？他不是最愛銅鑼燒嗎？他不是喜歡上大雄家附近的一隻貓了嗎？怎麼可以就這樣走了呢？

之前有個朋友分手，天天找我陪他。陪陪失戀的朋友很正常，不過我發現他似乎沒有想走出來的意思。他天天跟我說自己無法獨處，找我一起陪他檢討自己的戀情、檢討他的對象、一起罵罵這個人，最後的結尾都是——你會找到更好的人、這個人不值得。

幾次之後，我有點厭煩了，覺得你到底有完沒完呢？我也有很多事情要忙，沒辦法一通電話來時我就要打開家門讓你進來，或是出去陪你喝酒解悶。很多時候，自己的苦是要自己去消化的，成長也必須靠自己想通，要擁有「什麼都能獨力完成」的能力和意志，而這段過程沒人能幫你。

我相信《小叮噹》也想傳達一個真理：沒有誰真的能夠陪誰走到最後，每個人獨自來到世上，走的時候也會是一個人。你不是秦始皇，所以沒人會跟著你陪葬；你跌倒了、痛苦了、難過了，當然可以坐在地上哭一陣，但不會有人一直陪著你哭。我也知道那種放縱盡情難過的感覺有時很爽，但爽夠了就要站起來，不要期待大家都要懂你的苦，別人不是你，就算他們口中說了「我懂，我懂」，也只是站在人道立場給你個安慰。

　　「陪伴」是需要花費力氣、精神、時間的，所以十分貴重，應該好好珍惜；無法擁有的時候也很正常，不必覺得自己特別可憐。

友情本身就是一場分離

人生就是一列開往墳墓的列車，
路途上會有很多站，很難有人可以自始至終陪著走完。
當陪你的人要下車時，
即使不捨也該心存感激，然後揮手道別。

事情是這樣的，有一次朋友跟我說，她覺得自己的閨蜜變了，從前兩人可以無話不談，閨蜜是她最好的聆聽者，也可以給她最好的兩性雞湯，但結婚生子後卻人事全非。

簡單來說，她愛上一個人，卻又不知道這個人值不值得，看著自己的青春小鳥已經啟程，便煩惱自己要再繼續跟這個人耗嗎？她的閨蜜好不容易跟老公請了兩小時假出來聽她訴說人生煩惱，然而故事還沒說到一半，歌都還沒唱到副歌，閨蜜的眼神已經渙散，走神走到飛沙走石，時不時就會說：「蛤？什麼？再說一次？」朋友感到失望，以前的默契去哪了？以前那個不用說一句話就懂彼此，吵不散、罵不走好姊妹現在卻連一個話題都聊不到結尾，兩小時感覺像永遠。

最後雖然沒有明說，但可以說是不歡而散。

身為過來人的我（不是懷孕那一part）也曾經有過「好友變了、再也不要跟這些當媽媽的朋友見面了」的想法。但隨著時間巨輪一點也不留情的推著我一步一步往前走，懷孕生子的朋友就

越來越多，高中的好友甚至都懷了第二胎，我才開始了解：身為媽媽確實會讓她們進化成一種比較不可愛的生物，就像皮卡丘變成雷丘一樣。

首先，光是生個孩子就足已讓女人對生命擁有全新的體驗。

朋友曾表示，先別說有多痛，光是在陌生人面前將兩腿張開還擠出一個孩子，就已經把恥力的最大值提升好幾個百分點。當了媽媽後，常識庫也會經歷大更新，我曾加入一群媽媽的聚會，才懂了什麼叫「明明講的是中文，我卻一個字都聽不懂」是怎樣的風景，什麼檢查、什麼什麼素、什麼什麼墊……有一秒我以為自己在什麼什麼醫師研討會。

當妳和為人母的朋友訴說著感情煩惱時，這些對妳來說天崩地裂的事情，對她們來說大概有一萬光年遠，每天對著哭鬧的小孩和除了賺錢什麼都不會的老公，肚子裡的蝴蝶早已都死光了，完全感受不到風花雪月，也提不起興致和妳吟詩作對。唯一能讓她們提起興趣的兩性話題大概是些生猛的性經驗，因為她們已經好久沒感受過什麼叫激情。

再來談談「打扮」這件事。

之前我做了一個專題，讓丹妮婊姐和宅女小紅交換身分。小紅說她本來就很少化妝，當了媽媽後根本懶得化妝，哪有什麼「花一個小時化妝、美美出門」的事，天方夜譚好嗎？一條眉毛

還沒畫完，孩子就已經哭倒長城，還被老公罵到臭頭。戴首飾？帶過孩子就知道，身上只要有這些東西，很大機率都會成為小孩的玩具，或者更慘——食物。穿件新衣服，上面最後不是剩食物殘渣就是嘔吐物，恨不得裸體還更方便些。

所以，妳的閨蜜當然變了！從用的語言、身體記憶到靈魂都換了，當然無法和妳聊那個男人為什麼還不打電話來、哪個包包值得買，或是哪件衣服穿起來看起來更襯妳的膚色。請別急著怪閨蜜，實情是妳走錯棚。

說了這麼多屁話，不是要妳和閨蜜絕交，而是再好的友情都會面臨改變。《神隱少女》裡有這麼一句話：「人生就是一列開往墳墓的列車，路途上會有很多站，很難有人可以自始至終陪著走完。當陪你的人要下車時，即使不捨也該心存感激，然後揮手道別。」有個人走得比你快或走了不同方向時，你只能調整一下心情繼續前進或等著時間巨輪來推你們一把。

關於幫另一半買衣服

橘色上衣加粉藍色西裝外套，比事故現場的三角錐還顯眼，
如果這樣可以，那吃豪大大雞排當減肥餐也很可以。

我有一個朋友，每換一個女友就換了一套穿衣風格。剛認識他時，他是將T恤穿到領口及袖口都變成浪漫荷葉邊，依然可以自信出門放飛自我的人。

之後，他交了第一個女友，女友看不順眼，打算馴服這頭時尚猛獸，最後他被成功改造成具有裏原宿感的少年；第二任女友因為迷戀韓劇，他就成了歐巴；最近這任女友則是喜歡把他打扮成事業有成的菁英分子。

他的女友們似乎也很享受這件事，或許這也像是一個宣示主權的概念，但這不是此篇文章的重點。

最近一次見面，他已恢復單身，但穿衣風格變得有點古怪，似乎有點失去方向，我問他之前是不是發生什麼事？是不是家裡失火讓他隨便抓了件衣服就出門？「沒有啊，我就把前女友們幫我買的衣服搭一搭，還可以吧？」他說。

可以？橘色上衣加粉藍色西裝外套，比事故現場的三角錐還顯眼，如果這樣可以，那吃豪大大雞排當減肥餐也很可以。

走在回家路上，我手上握著五十嵐梅子綠茶半糖少冰，看著穿得很奇怪的台北男性們，I can't help but wonder：「這些男性有多少人也穿著前女友的遺產／遺毒？」

　　走進大型服飾商場，你一定看過這樣的組合：女友領著男友東看西看、東比西比，「欸，這個很適合你，去試穿！」「這適合我嗎？」「很適合啊，李敏鎬都這樣穿！」通常這種組合裡的男子都有體無魂親像稻草人，女友給什麼就穿什麼，眼神空洞，《屍速列車》的喪屍都還比較有靈魂。

　　我的個性比較早熟，約莫到了小五就開始愛漂亮了，如果你要說是「早秋」也可以。年幼的我想買衣服又不知該從何下手，只好尋求家中唯一比爸媽還時髦的姊姊的建議。姊姊當時的偶像是羅密歐，對她來說，羅密歐就是現在的GD和TOP，而且姊姊還說，因為我的外型比較像歐漢聲（？）所以可以走他的路線。

　　經過一番改造，我還自己在家染了頭髮，便服日那天，我興高采烈的去上學。原以為會被大家愛慕的眼光淹沒，結果卻是被笑聲淹沒，因為太像《七龍珠》裡的人物。

　　從那時開始，我便只相信自己。在穿搭的世界裡，我做自己的金正恩。

　　說了這麼多，也不是要妳別幫男友買衣服，如果妳了解他的喜好和身材，這樣做真的是滿貼心的，但請別帶著「把男友改造

成偶像」的幻想,除非「重新投胎」是一個選項。不如想想怎麼訓練他學會穿搭,知道自己喜歡什麼卡實在。奇怪的是,太多男生連自己喜歡什麼都不知道,實在讓人匪夷所思。

最後,給男人建議是:不要這麼懶,花點時間了解自己的體型和喜好,參考和自己差不多的藝人也是個方法。如果你覺得自己跟李敏鎬是同類型,建議你多問三個朋友,如果三人都同意,那至少整個地球還有三個人覺得你是民間李敏鎬,便已足夠。

再最後,如果你真的只穿女友買的衣服,分手後也記得把前女友們買的衣服丟掉,站在穿搭和兩性的立場來看,這樣都是比較厚道的。

剝蝦之亂 —— 別隨便拜託

不管你對我的幫忙有多大的感謝，我都不想幫，
因為你的感激對我來說根本無關痛癢，
我也不缺你的感謝之情……

在你翻到這篇時，這個事件大概已經過了很久，不過，因為它已掀起一陣不小的討論度，我覺得好像滿值得拿出來說說，占占版面。

劇情大概就是：藝人大S在節目上說自己從來不剝蝦，出嫁前是爸爸剝，出嫁後是老公剝。好了，這下全台灣都鬧騰了，勾起了族群對立，始料未及。有一派說：「這種女人就是公主病！」另外一派則說：「不剝蝦的男人不能嫁！」「不剝蝦的男人和妳沒未來！」

好的，我承認一開始聽到時也會覺得剝蝦這等小事為什麼不能自己來，但抽完一根菸後，我冷靜了。其實，要男生剝蝦的女生也未必是公主病，這就只是個人的情趣和相處方式而已，評論這些女生前，也要看看很多男生其實喜歡把女生當作小孩子，提包包、夾飯菜、買飯給她吃、出門接送……剝蝦根本只是舉手之勞，而那也是人家互相心甘情願的相處方式，沒什麼好批評誰對誰錯的呀。

大S很幸運，在家被爸爸寵成公主，婚後還是可以當公主，命好啊！也許上輩子汪小菲也幫她剝了很多蝦？或是汪小菲欠了她很多隻蝦，這輩子注定要餵她吃蝦？

再說，不剝蝦的男人就一定不是個體貼的老公？這又是什麼歪理！我的阿瑪從沒幫額娘剝過蝦，但他還是個好男人啊，一生兢兢業業、不偷不搶，擁有的一切全都給了額娘。但他不喜歡碰別人的食物，也不喜歡別人碰他的食物，或許是受了阿瑪影響，我也不太敢吃別人碰過的食物，連額娘幫我剝的蝦我都不敢吃。之前，額娘見了姊姊男友幫她提包包，也訓斥姊姊自己的包包自己拿、自己的飯菜自己夾，為什麼要男人動手，有失體面。

這些不過都是家庭教育和個人選擇而已，無所謂什麼公主病，我也有「自己不剝蝦但跟男生出去都是自己出錢」的女性朋友，剝不剝蝦根本看不出什麼，只能看得出剝蝦技巧好不好，以及蝦新不新鮮罷了。再者，大S也沒拜託男人替她剝，全是爸爸、老公自動自發。

再說，有沒有「拜託」，這點很重要。

我曾在網路上讀過一個很有趣的理論：人在向別人請求幫助時，其實也在傳達「我會感謝你」的訊息；而這個請求是否合理恰當，要看本人對於「自己的感謝」有多大的評價。

例如：一個女人半夜想吃某家鹽酥雞，把男友或老公從被窩

裡挖起來，要他買回來。這個行為很不合理也很不恰當吧？但是男人相信這麼做可以換來女人「持續的愛情」，女人也認為這樣的回饋高於男人跑腿的辛苦，那這樣的請求就很可以。

　　再舉一個反例，相信有很多科系的學生都碰過這樣的事：假設你就讀英文系，某個不熟的親戚或朋友丟了一份文件「請」你免費翻譯，然後說：「拜託幫個忙，你是英文系的，這對你來說應該很簡單吧！」這就是一個粗暴又不合理的請求。先撇開翻譯這件事的難易程度，還有親戚朋友以為念英文系就代表「所有東西只要是英文你都可以看得懂」的無知邏輯，這件事有一個最大的問題就是──如果你無法拿出等值的具體回饋，那麼我就是白白花了時間、精神、體力做這件事，不管你對我的幫忙有多大的感謝，我都不想幫，因為你的感激對我來說根本無關痛癢，我也不缺你的感謝之情，在這個交換上，是我吃虧了。

　　又或者是，我有個學設計的朋友，有人用三千元的價格請他設計公司 logo，「反正就是一個小圖案，應該很快吧！我們公司才剛成立，預算有限，幫個忙！」朋友氣歪了，因為設計一個 logo 絕對不是隨便畫畫這麼簡單，三千元根本無法交換一個好的作品，也比不上他要耗費的精神和腦力。

　　所以，為什麼人們常說「人情債最貴」，因為那多少是一種受託者說了算的交換行為，如果你給的不夠多就欠人了。所以，在

你無法確定是否還得起之前，別輕易拜託，自己的問題嘗試自己解決，別人肯答應你是恩惠，感情債很難還，不要隨便欠，要別人不求回報只能是對方自願，不要覺得別人做什麼好像很簡單就隨便要人「順便」「幫個小忙」，像是免費翻譯、免費設計、免費按摩等。

回到剝蝦或公主不公主這個問題，其實說到底，他們是用愛情相互交換，你情我願，旁人有什麼好說的。如果你渴望另一半幫你剝蝦但對方不肯，也許是他沒有意識到這件事原來還藏了這套深意，所以妳可以說：「幫我剝蝦，我會用一輩子的愛來回報你。」也許從此妳就不必剝蝦了，但妳也欠了他一輩子的愛，想清楚。

體育課

我不懂三步到底要如何上籃？
我走了三步還是離籃框這麼遠，球到底要放在哪裡？
除了放我自己頭上，我放不到其他地方啊……

從上第一堂體育課開始，我就不喜歡體育課。

從小我就是一個不太愛動的孩子，貫徹「能坐不站、能躺不坐、能靠牆就不挺胸」的原則。每到下課時，我都無法理解一窩蜂衝到外面盪鞦韆的同學們，因為我寧願坐在位子上啜飲水壺裡的果汁，閱讀一本優良課外讀物，像是漫畫版的《釋迦牟尼傳》。

當時，風靡所有小學生的運動應該就是躲避球了，這種運動應該僅存在於漫畫裡就好，不該出現在國小生的日常。我打從心裡害怕這項運動，但對當時的小學生來說，你不能不喜歡躲避球，就像三歲兒童不可能不喜歡佩佩豬一樣。所以每到體育課，我都必須拖著我沉重的身軀在躲避球場上假高潮，尤其當老師把「去球場打躲避球」這件事當作獎賞時，我都會在心裡吶喊：「不！我就是一個bad boy！你罰我吧！讓我在教室抄課文吧！或是抄《釋迦牟尼傳》也可以！」

你問我有沒有擅長的運動？其實仔細想想還是有的。

我相當擅長裝模作樣的國術課，甚至被選為小老師，每堂課都要示範給大家看。後來加入太極拳社，更得到「小張三豐」的美名（才沒有）。

　　好了，一轉眼到了國中，體育課依舊是一場醒不來的惡夢，只不過從躲避球換成籃球，我最喜歡的讀物也從《釋迦牟尼傳》變成《封神榜》。那時男生女生都必須愛打籃球，就像三歲小孩都愛佩佩豬一樣，體育課最流行的就是考三步上籃，老師派了一個小老師指導我，他要我在心裡數節拍，算好腳步然後輕輕的把球放到籃框裡，一派雲淡風輕的樣子。

　　我不懂三步到底要如何上籃？我走了三步還是離籃框這麼遠，球到底要放在哪裡？除了放我自己頭上，我放不到其他地方啊，還要數什麼節拍？心究竟還能多累？

　　這場惡夢一直伴著隨我直到高中畢業，以為上了大學就可以不必再受體育課打擾，應該至少大部分時間都能如此吧。

　　放榜那天，我看見自己被分發到「運動與休閒學系」，老天！我讀了《釋迦牟尼傳》這麼多遍，這就是我的福報嗎？！崩潰完之後，想想我已經無法再經歷一次大學指考的準備過程了，於是決定我拿青春賭明天，讀這個系！

　　本來以為也許這個系的名字只是個美麗的誤會，應該不會這麼累吧？結果發現這個系根本是滿滿的體育課。

　　首先，游泳課是必修，你想畢業就必須通過「一小時游完一千六百公尺」的考試。學校泳池的水道是二十五公尺，那就是

六十四趟，聽到時我笑出來，因為我覺得老師很幽默。但當老師叫全班在寒流時跳進戶外泳池時，我就發現這一切都是真的，不是幻覺。考試當天，我用意志力撐完六十四趟，其實滿容易的，只要想像抽筋不存在，也不要想什麼換氣了，用上一種「我要把水喝光」的拚勁就可以了。

系上的每個老師都是體育健將，當中有個阿斗仔負責大一的英文課，那是我最快樂的一堂課，終於可以徜徉在異國語言裡，遨遊在書海中。直到期末，阿斗仔老師說：「如果要拿到學分，就必須跟我去參加路跑。」哈哈哈哈～到底為什麼？我們不能在教室好好學「marathon」的相關單字嗎？！

然後，我們在某個週末的凌晨五點，參加了一場路跑。

後來，我為了融入群體生活，甚至加入系上的排球隊，那一年我彷彿真的成為一名運動員，跟著球隊參加校際聯賽，但永遠是隊上黑洞般的漏洞存在，完全就是巨無霸拖油瓶，上場前也發生過因為一隻鞋子不見而無法上場比賽的爛事。

脫離體育課後，現在偶爾想起來還是挺好玩的。不過，人生很多事，回想起來總是覺得有趣，卻不會想再經歷一次，例如感情遇到鬼或當兵。所以，如果再重來一次，我還是會選擇在教室裡讀《釋迦牟尼傳》。

「我是看著你長大的」

那天我體會到，看著一個人成長的確很神奇，

你看過他們的眼淚、憤怒和幼稚……

前一陣子，我和幾個高中同學又聚在一起。一位嫁到台中的朋友距離預產期剩不到兩週，另一位遠嫁馬來西亞的朋友則難得回台，再度看到這些老朋友，心裡有種很奇妙的感覺。

我算是看著他們長大的吧？

高中時，我們這群好同學有三男三女，算是當時班上的放浪兄弟（？）吃喝拉撒、上課、聊天都在一起，因為太愛講話，還會假裝沒帶課本跟其中一、兩個坐在一起；有時三個人看一本書，或是在台下嘲笑數學老師眉毛畫壞，氣歪老師（不良示範，不要模仿）。

高三那年，我們決定放飛自己翹一次課，但本性善良的我們連翹課都選擇了最無害的「自習課」，殊不知班上一次少六個人會有誰看不出來呢？重點是，我們翹課也沒做什麼了不起的事，只是到籃球場發呆，還拿著國文課本準備下一堂的隨堂考（這麼善良的不良學生哪裡找？）

後來，那位眉毛畫壞的數學老師立刻向班導師告狀，身高不滿一百六的班導師知道後怒不可遏，把我們六朵花（？）抓到辦公室，讓我們在地上做棒式，還被藤條抽屁股。對，那個年代還有體罰……

一轉眼，我們就長大了。

台中媳婦當時上了大學後交了個魯蛇男友，渾渾噩噩度過四年（憑什麼這樣說人家？）後來出國念書碰到了一個台灣男，長得像桂格燕麥的阿北，兩人愛得醉生夢死，但回台之後她就被甩了，國外那段美好時光彷彿南柯一夢。台中媳婦化悲憤為力量，每天都在網路及實體世界裡跟蹤桂格，當了好長一段時間的stalker；還每天騷擾我，逼我聽她的變態行徑。那段日子，她的MSN上線時刻就是我的下線時刻。

而大馬媳婦是我們六朵花裡最嬌的一位，長得像公主，脾氣也像公主，當年我最常做的事就是跟她冷戰，直到其中一個人問「要不要去福利社？」才和好。她在大學遊學打工時碰到了現在的老公，一個人嫁去沒有朋友的國度，因為太寂寞，時常騷擾在台灣的朋友們，直到她生了兩個孩子，忙碌讓她忘了寂寞。

這次見到她們，台中媳婦要生第二胎了，熟練又世故的罵著

老公，浪漫的愛情對她來說已經不比成家和維持一個家重要。大馬媳婦已不是公主，她可以一手拖著三歲女兒，一手抱著一歲多的兒子一個人搭飛機、出門找朋友，調教出禮貌又讓人心疼的孩子，面對孩子的哭鬧，她的理智線也明顯比我強韌許多。

以前總覺得大人說出「我是看著你長大的」這句話有些邀功和虛榮，但那天我體會到，看著一個人成長的確很神奇，你看過他們的眼淚、憤怒和幼稚。

現在，「我是看著你長大的」代表著你參與了別人的成長，也代表著青春和一部分的自己。也許是因為這樣，我現在可以這麼直覺的脫口而出也不覺得歹勢，但……對當年的數學老師還是有點歹勢。

為什麼你該放棄當個巴黎女人？

歲月可以是一把殺豬刀，把人殺成一頭豬；
也可以是一把雕刻刀，刻出你最美的樣子。

曾經想上網找一本書，發現網站推薦了一本關於巴黎女人風格的書，好奇之下，我在網站上輸入了「巴黎女人」，發現關於巴黎女人風格的書真多。

身為半個數位編輯，按照過去經驗，只要是關於巴黎女人的文章點擊率都有基本盤：巴黎女人的穿搭、生活哲學、愛情觀……似乎都是台灣女性的教科書，可能巴黎女人就算談怎麼優雅的放屁都會有人買單，因為她們就是讓人有種「啊～女人就該活得像那樣！」的感覺，就像廣告裡賣家電的孫芸芸總讓人感覺「啊～女人就該那樣做家事啊！冰箱一定要可以和晚禮服搭配才行啊！」「如果有來生，我也真的好想當孫芸芸啊！」

回到主題，我可以理解所有教導女人「成為更好的自己」的書籍，但無法理解為什麼以「成為巴黎女人」命題的書籍可以這麼受歡迎。

首先，對我來說，要成為巴黎女人的第一步（也是最重要的步驟）應該是重新投胎。ok，我知道這麼說很明顯是在鬧脾氣，重來一遍。對我來說，要成為巴黎女人的第一步，應該是要能在

早餐店優雅的用法文說出：「給我一份蛋餅佐豆瓣醬加一杯中冰奶。」（這樣有比較不鬧脾氣嗎？）

巴黎女人最為人熟知的就是，她們擁有一種似乎什麼都不做就可以自帶女神光的特異功能，穿搭隨意卻時髦和諧。否則妳可以試試看，早上起床不整理頭髮或隨意扎個包頭素顏出門，可能立刻會有人關心你是否生病，尤其如果是夏天，走在冷氣房外的馬路上就像走在赤道上，頭髮會立刻變成伸展台上最流行的貼頭髮型——妳就是一個盜汗又疲累的亞洲人。而為了要顯得不費力，可能還需要更費力穿搭。

弔詭的是，這些書還說，要成為巴黎女人，首先要和她們一樣不跟潮流；所以，我們追上潮流的第一步是不跟潮流，要把書讀好的第一步是不讀書，這論點太天才了！

我曾看過一篇報導，許多巴黎女人也想學習紐約女人的穿搭風格，而當法國超模伊內絲・法桑琪出了自己的風格書《*La Parisienne*》時，熱銷全球，在巴黎也引起搶購，也就是巴黎女人也追潮流，也崇拜別人的風格，也想成為那個很有「巴黎」風格的樣子。

那，巴黎女人到底是什麼樣子？

全球女人想成為的是巴黎女人，還是想成為巴黎女人們也爭相模仿的樣子？

去一趟巴黎你也會發現，她們有胖有瘦，有懂得打扮和不懂

得打扮，有叼菸很時髦，也有叼菸像落翅仔的。說到底，巴黎的女人和全世界各地的女人都一樣，最不一樣的可能是語言，或是好幾天不洗澡依舊有出門的自信。她們美的應該是態度和思維，也許還有因為環境培養出來的生活方式和美感，不是靠穿搭和造型就能模仿出來的。就像我在倫敦念書時會拿傑米‧奧利佛的食譜來做菜，回台灣後發現裡面的食材根本找不到，不得不接受在台灣就該用阿基師的食譜。又或是，書裡教妳的巴黎女人獵男招數，真的適用於亞洲男性嗎？

既然投胎到台灣，當個台灣女人沒什麼不好，八里女人也可以優雅自信，穿搭兼顧吸濕排汗同樣時髦。

我曾在一場活動碰過一個攝影師，聊到了她已經八十五歲的奶奶，她說想幫奶奶辦一個攝影展，給我看照片時我簡直不敢相信，照片裡的她舉手投足都是大寫的風格與時髦。當下我覺得奶奶很面熟，一問之下才知道奶奶已經幫時尚雜誌拍過好幾組大片，還拍過廣告。她沒到過巴黎，也沒學過巴黎女人，只是在時間的道路上找到了自己舒服的樣子、適合自己的美感，然後堅持下去，最後變成一種風格。

歲月可以是一把殺豬刀，把人殺成一頭豬；也可以是一把雕刻刀，刻出你最美的樣子。

我對教人變得更好的書沒意見，只對「巴黎女人」這四個字與「成為別人」有意見。請試著相信：放過了巴黎女人也等於放過自己。

關於工作：
職場如江湖

這是一段在江湖浮沉的章節，
職場一帆風順很少見，
只是看你如何忽略心理陰影面積。
因為你知道的，沒人在乎。

魔女

也許她是魔女沒錯，
但她也確實教會我一些學校裡沒教的：
職場上沒那麼多體諒，以及 always bring your 腦袋……

相信每個在職場打滾及打混多年的人都會同意：主管對一個人職涯養成的重要性──他決定了你每日的工作品質，對個人願景與成就的追求，還有career的高度。簡單來說就是，工作起來是愉快還是生不如死，很大一部分取決於你有怎樣的主管。

你問我為什麼不開門見山的說就好？是這樣的，因為作家都是這樣子，說話要繞些圈子。

進入職場也有好幾個年頭了，我不是那種對一間公司從一而終的type，工作早已換過幾個，也和不同的主管交手過。每換一次工作，都會想起多年前剛踏入職場的悸動、新鮮感、壓力、資訊負載過重等。這些新鮮人的百感交集不管換了幾次工作都不會改變，強烈與否而已，就跟早晨起床感受到的倦意一樣。

第一份工作對許多人來說應該都很難忘，對我來說也是。這幾年我經歷了四個主管，都是女性也都是很好的主管，除了第一個我有點說不準……

研究所畢業回國後，我到一家新聞機構做編譯，主要工作內

容是翻譯及編寫外電。那時的主管，大家都叫她「魔女」，是一個年近四十的未婚女性，身材很瘦，頭髮永遠都是金棕色的，待在那裡兩年多，從沒看過她穿平底鞋，永遠都是細跟的高跟鞋。

我們早上六點上班，魔女的上班時間較晚，所以我特別珍惜到辦公室的頭一、兩個小時，因為只要時間一到，魔女就會踩著高跟鞋叩叩叩走到位子上，辦公室就會籠罩著一股低氣壓，氣氛降到冰點，彷彿太平間。

關於魔女的傳聞很多，有人說她和已婚高層主管不倫，有人說她城府很深，和她不對盤的人不是被鬥倒就是離開了。

記得我剛到職的第一天，人事主管要我在中午休息時間去準備入職需要的文件，但我回公司時已超過午休時間了，她嚴厲的對我說：「請不要用辦公時間辦私人的事。」那時，我在腦海朝她的腦門開了第一槍。

過了幾天，她找了幾個新進員工詢問輪班的意願，最早的班是早上六點，我那時還住在桃園老家，所以表示希望能上八、九點的班，魔女看著我說：「那是你的問題吧？目前六點的班最缺人，這裡是公司，不可能什麼事都配合你吧？」當下，我又朝著她的腦門開了第二槍。

接著幾天，我每天搭最早的客運到台北，要轉計程車才能順利打卡，也因此每天早上在腦海朝魔女腦門開槍成了我的固定待辦事項。

新聞工作的壓力很大，要兼顧速度與品質，開始時不只寫的稿件低於標準，還常常出錯。

有天，魔女單獨約我到小房間談話，她說：「我注意你很久了，我看過你的筆試，也看過你寫的新聞，覺得你很有潛力，但你好像都沒帶腦袋來上班。你知道我們三個月後是真的會把不適任的新人刷掉的吧？」這段話說得很重，但這次我沒有朝她的腦門開槍，反而覺得有點感動，除了可能自己有點 M 傾向之外，也代表其中有幾分惜才才會特意提醒我，應該是這樣的吧？當然，也有可能是看上我的美貌。

後來我借住在台北朋友家，每天拎著腦袋去上班，拚命寫，回想起來覺得自己很像某部電影裡發憤圖強的主角。三個月後，有人留下來，也有幾個人陸續被刷掉，但他們後來也都找到自己喜歡的工作，可喜可賀。

之後，魔女被調去其他部門，聽說是因為在某場角力中鬥輸了，或許那是一種流放，我不確定。但那次的小房間談話後，我不再覺得她可怕，在公司遇見她時反而還會和她打招呼聊天，稱呼也從組長變成 XX 姊。

也許她是魔女沒錯，但她也確實教會我一些學校裡沒教的：職場上沒那麼多體諒，以及 always bring your 腦袋。正如大家所說的，腦袋是種很好用的東西，有了它工作時會比較專注、少出錯，一般人可以確保三餐有著落，政治人物也可以免於接受立委質詢後被做成網路梗圖。

跳槽

工作跟談戀愛很像，
如果觀察後發現對方不是你想要的，你們也不適合彼此，
那為什麼還要浪費時間？

之前和朋友聊到跳槽和轉職的難題，對話大概是這樣：

「我在這家公司真的滿不開心的，每天都不知道自己在幹嘛，覺得很沒意義。」

「喔，那你為什麼不找其他工作？」

「不好吧，我連兩年都還沒待滿，到了下一家公司年資又要重算，而且在履歷上不好看。」

「喔，這樣啊……」

其實朋友說得也沒錯，在面試的考古題中一定會有這樣的題目：

「你為什麼離開上間公司？」

「你為什麼在這麼短的時間內決定離開？」

首先，在求職跟招聘的過程中，不管再怎麼嚴謹、小心，都還是會有目瞴糊到蛤仔肉的時候。有些人就是很會面試，有些主管就是不會看人，談戀愛都可以分手，工作不適合當然可以跳槽。

如前篇所述，我的第一份工作在一家新聞機構擔任編譯，當時和我一起考進去的同期裡有個女生，一進來就和主管不對盤，她無法接受主管帶人的風格，也不喜歡坐在電腦前處理文字，過著工時固定、上下班打卡的職場生活。她也不是嫌棄這份工作，只是覺得自己能夠勝任的不止於此。

她曾經問我：「我覺得你和我有點像，你真的甘心每天窩在這裡嗎？」

當下我的直覺是：「妳再繼續胡說八道的話，我就要把你送進慎刑司了！」（當時的我正沉迷於宮鬥劇，請原諒我的情不自禁。）

新聞編譯是一個很辛苦、很重要、很需要專業能力的工作，但老實說，內容的確是比較一成不變，所以那句話也在我心中埋下一顆種子。

對我說完那句話沒多久，她真的辭職了。她選擇回到瑞士完成中斷的學業，後來在當地大學任教，常常看到她分享的動態，可以感覺到她從現在的工作中得到很多快樂。

而我呢，則因為那句話開始想了很多。

我喜歡文字的工作，但我的確不是可以長時間黏在電腦螢幕前，為了翻譯一個詞、一個句子奮鬥的人，我有好多想法和創意想要抒發，而我所待的新聞單位氛圍是比較正經的。

之後，我開始尋找其他機會，從接案開始，並和一家出版集團下的網路媒體長期配合，終於等到他們開出職缺，當時的主編問我有沒有興趣過去，我毫不猶豫的遞了辭呈。

第一份工作，我做了一年半。

第二家公司，我開始自己寫東西。團隊很小，每天的稿量很大，每天下班我都覺得自己的眼球像被捏扁的海綿，彈不回去；即便是這樣，我依舊覺得跳槽是正確的選擇。半年後，這家媒體因為遲遲賺不到錢，集團決定收掉，但公司很好心的安排我去另一個部門幫忙。

我轉到了IT部門！從一個文字編輯到IT人員，如果這不是跨界，我不知道什麼才是。但老闆人很好，也沒真的叫我去修電腦，除了翻譯一些資訊相關文件、招待國外工程師與顧問之外，其他的時間裡我彷彿是全公司最快樂的人，很閒、非常閒，閒到我常常想：如果我這時消失了也不會有人知道吧。直到有天，我真的受不了這樣每天去當花瓶IT的日子，最後決定辭職。

在這間公司，我待了九個月。

後來，我到了一家女性時尚雜誌做採訪編輯，待了三年半；再下一份工作，我才到現在任職的科技公司，做的一樣是喜歡的文字工作。老實說，以我出社會的年資來看，我換的工作不算少，周遭也有許多朋友換了不少工作，但都是越換越好，並沒有

因爲在上一份工作待的時間較短就被質疑。

我想，工作跟談戀愛很像，如果觀察後發現對方不是你想要的，你們也不適合彼此，那爲什麼還要浪費時間？只要你轉換的理由正當，那就不用害怕在面試中被問到原因。只要你的工作軌跡有一致性，不是今天編輯、明日IT，相信這些對你的個人評價不會有太大影響。但如果你是想轉換到一個完全不同的跑道，也要有從基層開始的心理準備，並耐心接受對方的考驗和觀察。

只要目標清楚、有實力，相信你不用在意時間長短，「跳槽」這兩個字本來就不該背上負面的原罪。難道你發現交往的對象很渣，還要死巴著對方兩年，以茲證明自己堅毅不拔？

CP 值

別做一個 CP 值高的人，要做一個價值高的人。
因為這個世界不會虧待有價值的人，
但 CP 值高的就不一定了。

「CP值」這個用語從好幾年前就開始流行，在新聞中、網路上大家都用CP值來評斷一個東西的價值。CP值也作「性價比」，日本人稱「成本效益比」，也就是性能和價格的比例。

當一件事變成大家吹捧的「美德」後，就會開始被做爛，「CP值高」這個評價也是一樣，本來指的應該是物美價廉或物超所值，最後卻本末倒置的成為做爛的藉口；就跟我們鼓吹「善良」最後卻讓人誤會善良是軟弱、鄉愿；而「佛系」在大家的濫用下，卻變成懶散、不積極的藉口。

回到CP值這件事，很多餐廳開始把它當作賣點，但我最怕去「CP值高」的餐廳，因為這樣的餐廳往往為了達到標準而用力過猛，例如：把排骨做得比你的臉還大、菜可以無限續、湯麵力求讓客人彷彿點到一碗聚寶盆的錯覺，覺得怎麼吃都吃不完。

為什麼我會怕去這樣的餐廳吃飯呢？首先，我食量不大；二來，餐廳通常僅一味追求將客人撐壞的快感，而犧牲了最重要的元素——口味。當客人走出門時說：「吃得好飽、CP值真的很高！」通常都已經被撐到失憶，如果你問他們食物好不好吃，常

常說不太上來，而這種餐廳往往不會開太久就消失了，因爲他們在追求高CP值的同時，也不斷的放大「量」，曲解了CP值的美意，忘了價廉量多的同時還要兼顧美味，食物本身才是比較重要的事，至少我是這麼認爲。

有個朋友的同事被炒了，他極度無法理解，他說：「那個同事一個人做了好多人的工作，又肯加班。」那位同事就是一個典型任勞任怨的員工，我問：「除了事情很多之外，那個人還有做什麼特別的業務嗎？」他說：「嗯，沒有了，就是一些比較基礎的事情，平常默默加班，我們都有看在眼裡。不過公司怎麼這樣，裁掉這麼努力工作的員工。」

對啊，公司是很沒有人情味，簡直不是人，員工做了這麼久，沒有功勞也有苦勞，甚至過勞，怎麼可以這麼冷血呢？不過職場很多時候就是一個這麼現實的地方，雖然做了這麼多事、花了這麼多時間，但是這些事的本身價值高嗎？還是，那些是誰都可以做的工作？

如果你今天能做到的只是提供大量的產出，而品質、技術門檻一般，那就很容易被遺忘，甚至丟棄。

另一個朋友在一間媒體公司，常常要和其他同業搶各大品牌的預算，最常用的方法就是買蔥送魚，對，送魚。就是你給少少的預算，他們便會卯足全力做到滿出來，即使客戶沒要求，也要

端出一桌滿漢全席。

背後的原因很簡單，因為這樣就可以在客戶心中留下一個「CP值高」的印象，下次有預算時一定會第一個想到他們。所以，每次公司搶下一個案子時，底下的人都累壞了，勞師動眾，各部門能做什麼就做什麼。朋友抱怨，這樣的方式常常讓他們必須犧牲品質；反觀其他的競爭者，拿多少錢做多少事，不符合公司形象的案子就不接。

你以為比較起來其實很明顯吧，朋友的公司這麼好合作，下次客戶有了預算，肯定會再度光臨的！不過正好相反，很多客戶反而把預算大的案子投到其他的公司，因為這些大案子需要一定的質感、足夠的媒體品牌形象來支撐，這才是一個媒體品牌應該有的「價值」，而不是一個只講求曝光、流量的平台。「CP值高」帶來的是一個人情，一個「感謝你這麼幫忙」的人情，但經不起現實的考驗，事情來時只能換取一個冰冷的轉身。

現在各家媒體都有很多「小編」，他們每天的發稿量都很大，一天五篇是很正常的事。在訓練之下，他們可以快速大量的發稿，但真的能夠編輯或寫出有內容和觀點的小編卻不多，而這種小編才真的是含金量高的小編。

CP值高不好嗎？好啊，如果需要短時間內搏取好印象時，這是很有效的方法，剛開店時可以用這個方法吸引客人，當一個職場菜鳥時可以用這種方法顯示認真；但如果時間一久，餐廳只能

用「大分量」吸引客人上門，在職場只能用「做很多事」來證明自己的價值，那就是空有蠻力而已，很難長久，也無法進步。

　　所以我想說的是：別做一個CP值高的人，要做一個價值高的人。因為這個世界不會虧待有價值的人，但CP值高的就不一定了。

最難纏的老闆

其實，

最難纏的老闆，是真心對你好、看重你、珍惜你，

甚至視你如己出的那種……

　　職場上最怕遇到壞老闆，例如：小氣摳門的，三節獎金發金莎巧克力充數；喜歡你包山包海什麼都做的，當初面試是助理工作，最後卻發現自己還要身兼IT、HR、總機，還有老闆小孩的保姆，你以為你做的是工作，後來發現竟是慈善；又或是昏庸至極、聽信小人，找些拐瓜劣棗來扯你後腿的人。

　　不過其實這些類型的老闆都是很好對付的，為什麼呢？因為你可以選擇離開，毫不猶豫的，你知道他們再怎麼慰留都不可能動搖你的決心。所以我要談論的不是這種「只要你心一橫」就可以讓他們從你職涯中消失的老闆類型，因為他們太好對付了。

　　其實，最難纏的老闆，是真心對你好、看重你、珍惜你，甚至視你如己出的那種。你是不是覺得我瘋了？這種老闆求都來不及了，哪裡還難纏？！當然，如果你覺得你遇到的老闆如此器重你，他就是你今生的劉備，那恭喜你，你真的已經可以開始放鞭炮，翻到下一篇直接跳過接下來的一千五百字。

　　我有一個好友「姐咪」，她是一位傑出的女性。

當年我們一起在職場出道，她進入一間規模不算大的顧問公司，她的老闆是一對夫妻，典型的菁英，白手起家創立公司，做得有聲有色。

姐咪是一個做什麼都拚盡全力的人，很有膽識。

剛踏入職場時，我們也都會和其他朋友聚在一起，抱怨工作多累、老闆有多神經病等；但每次鏡頭轉到姐咪，大家都會閉嘴，因為在場沒有人比她更累 —— 徹夜準備提案報告是家常便飯，因為公司規模不大，她還要扛起許多本來不在職責內的事情，被老闆念到哭也沒少過。即便如此，她還是會掛著黑眼圈來我們的飯局、唱K，那兩道黑眼圈就像是光榮的印記，記錄那些熬過的夜，還有長繭的手指。

姐咪的老闆也很快就注意到她的傑出表現，短短兩年內她從一個基層研究員晉升到資深階級；當我們再聊到工作近況時，她已是經理，薪水爬升兩倍。老闆真的很賞識姐咪，不但帶著她到處見重要客戶，還讓她參與核心決策，更覺得在她身上彷彿看到當年的自己。

好了，看到這邊你可能已經想要摔書，或是想諮詢退書辦法，不要這樣，我的心會疼。下一段就要進入重點了，你喝口茶先。

很多人的第一份工作可能不是自己想長久做下去的，姐咪也是。她心中其實一直很想投入製片工作，但沒有適合的機會，更何況她也必須先養活自己。雖然在這間公司待了一段時間，她學

到很多，薪水與前景也很好，但始終感覺少了什麼，沒那麼快樂。思考很久後，她決定辭職。

第一份工作做了兩年辭職很正常吧？一般老闆會有什麼反應呢？大概會先簡單慰留，而大概在談到下一份工作能給的薪水後，他就會敞開大門讓你走了，頂多就是在離職日期上繼續討價還價，讓他多點時間找替死鬼，喔不，我是說「替補的人」。

但，記得我說的嗎？最難纏的是對你用情至深的老闆。

首先，姐咪的老闆以自己闖蕩職場多年的經驗，一看就「知道」姐咪沒想清楚，這麼好的工作、薪水、前景，怎麼可能會有人要放棄，這孩子一定是瘋了。剛開始，他試圖告訴姐咪這麼做很不明智，多方分析後，姐咪的耳朵還是很硬，於是他決定來硬的。他要姐咪提一份「十年計畫」好好說明她離職的原因及未來的打算。聽到這裡我傻了，老闆又不是她的誰，勞基法也沒規定離職要提出十年計畫吧？但別忘了，老闆對她「視如己出」。

姐咪真的為了離職做了「十年計畫」提案給老闆，ok！老闆傻眼，計畫做得真好，當然，那是他教的。老闆慌了，開始動用公司裡其他大老和同事，在群組裡或透過面談聯合勸說姐咪打消念頭，但越是這樣她越是不肯屈服。她也和我們討論了許久，想著要如何說服老闆，因為她也知道老闆的出發點都是「為她好」，不想她做出錯誤決定，在職涯的路途上跌跤。

距離離職的日子越來越近，兩方軟的、硬的、各種招數都用

過了，依舊僵持不下也漸漸失去耐心。老闆最後一次約談姐咪時終於大爆發：「妳知道嗎？妳這樣是自殺行為！」姐咪聽了也用力回答：「對！你就讓我去死吧！」

哈哈哈哈哈～這是什麼管教叛逆期子女的戲碼！姐咪最後雖然成功離職了，但場面並不愉快。

很多時候，這種「為你好」的心態是很可怕的，姐咪的老闆為了她好，認為自己是站在她的立場想，不過那等於是在替她決定自己的人生。她的老闆很成功，但他也許沒想過這樣的成功並不是姐咪想要的；他為姐咪規畫好的藍圖可能確實是一條高成功機率的道路，但她並不快樂。

姐咪後來怎樣了？她帶著那股「做什麼都很拚」的幹勁轉戰紀錄片產業，完成了好幾支作品，一樣也在兩年內從基層研究員爬升到製片位置。在我看來，現在她正處於一個很好的狀態，而且更開心了。

有多少人能夠從事自己想做的工作，還可以快快樂樂的？所以，當你有選擇時應該要相信自己的選擇，很多人會「為你好」，但最終只有你最懂自己要什麼。如果你還沒辦法選擇，那就努力改善自己的現狀，讓自己有辦法、有實力去抉擇，像姐咪一樣。

時裝週教我的職場五四三

總之，就算是魯蛇，

我們也要當一條快樂的魯蛇。

職涯當中有幸參加了兩次時裝週，雖然不算多，但也有點體會：

人生總會遇到嘴臉很歪的人，別計較

跑時裝週時總會遇到一些不知哪裡來的自信且趾高氣揚的人（有時候也會看到那種散發「你不知道我是誰嗎？」氣場的人，我還真的不知道！請問維基百科查得到你嗎？）在職場中、人生裡也是。請別與他們計較，也別往心裡去，他們可能太累了，也可能是家庭教育出了問題，並不是你的問題。

被欺負時別軟弱

看秀時，總會有人坐在寫有你名字的椅子上還裝沒事，過去請他起來時，還會假裝聽不懂你說的話，當然也會有人摸摸鼻子繼續站著看。但我的同事教我，這時你必須很嚴正的請他起來，甚至請工作人員來處理，絕不能允許這種流氓行徑。

其實面對人生也是。同事擺爛時，你要狠狠的打小報告；買鹽酥雞被插隊時，你也要狠狠的告誡他。

隨身要攜帶零食，不論你在天涯海角

趕場時很忙，真的很忙，肚子常常餓到咕嚕咕嚕叫，排隊進場又還要等上一陣，雖然身體硬撐著，但心裡已經數度暈厥。所以我都會隨身攜帶香蕉及巧克力（有饅頭更好，但國外很難買）。

在職場中，隨身備有零食更重要，午茶時間必須解饞，還能分給上司及同事，讓你的職場生涯無往不利。而且醫生說，要減肥的人不能挨餓，一旦挨餓再吃東西反而更容易發胖。當個魯蛇無所謂，但不能又魯又胖，兩者只能擇一。

不要浪費時間在CP值不高的事

時裝週的秀很多，有些同時發生，有些則相隔很短的時間，如果並非值得一看的秀不如跳過，不要過於貪心。

工作也是，如果是學不到東西、主管很糟、沒有前景的工作就趁早離開，不要因為還年輕就選擇瞎混；遇到爛人時更該如此，不要以為你可以用時間感動他，愚公移山只是民間傳說。

不要妄自菲薄

在時裝週或採訪時總會遇到很厲害、光鮮亮麗的人，但請不要因此妄自菲薄，因為八字這種東西就是很難改變，而且他們可能經歷很多的辛苦、很大的努力，不要因此覺得自己一文不值。仔細想想你一定也有值得說嘴的地方，例如：你的舌頭可以碰到

手肘；在《明星志願》裡你是超級巨星；或是你的耳垂很大，朋友都叫你小彌勒……

　　總之，就算是魯蛇，我們也要當一條快樂的魯蛇。

三十歲是什麼？

三十歲，
很多時候給人的是一種不上不下的無力感，
但生活總還是要過下去的，
就算無力感巨大，也要讓自己保持前進、繼續改變。

寫這本書的時候，我足歲三十三，虛歲三十四，回顧二十多歲時的青春年華，快得好像大怒神，頂點時的海闊天空還清清楚楚，一個轉眼就到底，中間的事情都是一晃眼的模糊。

三十歲有什麼好說嘴的？好像沒有，不過就是短短人生其中一個更短的階段。但二、三十歲的人生的確不太一樣，很多人經歷一些事然後不情願的改變，或者是不知不覺的進化；不過，這些前進，可能讓人更無力。

關於友情：

朋友的「功能」更清楚了，有一起逛街、運動、講垃圾話的，也有在工作場合很聊得來的「辦公室夫妻／閨蜜」，但也僅止於此，這份深厚情感只限在公司內，你們可以聊很多事，但你的那些秘密還是不能告訴他們。

臉書上多了一些你不得不加的「朋友」，例如：主管、業務夥伴、窗口、丈夫或妻子的親朋好友，或是那些多年不見、突然出現且每天發文都圍繞著「跟著我這樣做，你就可以賺大錢」的朋

友。幾年下來好像攢了不少朋友，但事實上真的懂你、有任何風吹草動就會問「你幹嘛？」的朋友，大概都在五隻手指頭以內。

關於金錢：

這時的你，賺的應該比二十多歲的自己多，可以腋下保持乾燥的進出奢侈品店，店員靠近時可以更從容的說出：「我就看看。」你的質感提升了，可能還是買不起喜歡品牌中的夢幻逸品，但可以毫無壓力的入手起到點綴作用的裝飾品。想買一支卡地亞手錶可能要去小額信貸，但首飾可以毫不眨眼的刷下去。

三十歲的人好像很需要聚餐，跟朋友吃飯是一種 lifestyle，終於可以挑一些中高價位的餐廳，有特別活動或節日時甚至可以訂一家私廚，結帳時還能說：「這次我請，下次換你」。從公立的計次運動中心轉到會員制的健身房，還請了一個私人教練，你知道的，那些肌肉和什麼什麼線是最好的配件。

也許你還買不起車、供不起房，貓狗、盆栽是你唯一養得起的東西，但至少生活已經算是舒適。

關於愛情：

三十歲的愛情開始變得很麻煩。非單身的人多半有個穩定交往的對象了，兩個人已進入老夫老妻模式，但沒有人提起結婚這件事，好像過得很好，但對彼此都沒新鮮感，沒有生孩子、買房的刺激，生活很平凡、簡單甚至無聊。

你問自己「該分手嗎？」但沒發生什麼事幹嘛分手？啊！對啊，就是因爲什麼事都沒發生。

單身的人，多半患了懶癌，懶得認識人、懶得約會、懶得去習慣一個人、懶得改變生活；想找愛的人，因爲知道自己喜歡什麼，反而變得更挑了，想要一個勢均力敵的伴侶一起成長，一方面指望運氣，一方面得用「花若盛開，蝴蝶自來」這樣的話安慰自己。

關於職場：

這時候的你，可能已經是個主管了吧。

在職場上已建立起自己的功績和聲望，資淺或新進的菜鳥都要叫你一聲「哥／姐」，職稱好聽了，薪水卻沒有改變多少，還要常常卡在高層和底層中間當潤滑油、傳聲筒、背罵名；好的時候沒人記得，有事發生時，下面的人說你換了職位就換了腦袋，上面的人說你領導無方。

職場上了一階，一切都好像不錯，但你卻懷疑自己能撐多久。

可能後來你決定自己接案或創業當老闆，卻發現到了這把年紀還要重來一次，真的好累。

三十歲，很多時候給人一種不上不下的無力感，但生活總還是要過下去的，就算無力感巨大，也要讓自己保持前進、繼續改變，因爲除了這樣，我想不到別的辦法了（在本書第八十七次鬧脾氣）。

跌倒沒關係，沒人看見就好　　099

關於讀書和文筆

她的評語是「太匠氣」，什麼叫太匠氣？
就是做了太多不必要的動作，
讓你的行為看起來很華麗，反而讓人覺得有距離感或很做作。

關於粉絲來信，我的處理是：若只有一個粉絲私訊，我通常會私訊回答；但如果有兩個以上的粉絲問了相同問題，就代表可能有兩萬個粉絲也想知道解答（哪有？）我可能就會選擇發篇專文回應。

之前有兩個粉絲都問了我：「慧川！慧川！請問你平時都看什麼書？我想讓我的文筆也變好！」

看到這個問題時，老實說，我的腦袋一片空白，轉頭看看自己堆書的角落，映入眼簾的是《天哪！不會是卡到阿飄吧？！》，那本書讓我對「阿飄」有了更多認識，至今依舊覺得非常受用。

我知道坊間有很多書對於提升文筆都提供一些方法論，但我覺得那可能對於你想在作文考試拿到基本分數幫助較大。在此，讓我先說個故事。

剛成為一名採訪編輯時，我一直覺得文筆好壞與否一定跟知識量多寡有關，必須有很多華麗的詞藻，要可以引經據典，開頭

就要先提到一部大家沒看過的電影或小說角色，給讀者下下馬威才可以。

然後，我的第一篇稿子就被主管退回來了！她的評語是「太匠氣」，什麼叫太匠氣？就是做了太多不必要的動作，讓你的行為看起來很華麗，反而讓人覺得有距離感或很做作。就像朋友叫你幫他倒杯水，然後你以花式拉茶的方式幫他倒；或是路人想跟你問路，你打完十三響後跟他說：「往右轉。」

後來我做了修正，發現一篇文章好不好，除了至少要能清楚的敘述一件事，最重要的還是「觀察力」，通常文章寫得好的人觀察力都很強。

例如：現在看到一個人，你可以從他的穿著、打扮、髮型、走路方式、吃的東西等各種跡象裡看到什麼，以及和他的周圍環境有什麼關聯，然後開始多練習寫作。例如：我寫這篇文章時，咖啡廳外的公園裡有一個爸爸，表情很厭世的推著女兒玩盪鞦韆，這個畫面就存在我的腦裡成為我日後寫作的養分，但也有可能是垃圾，永遠用不到，但想到就能讓我笑得燦爛如花。

至於看什麼書，這我真的很難回答，通常我會去書店逛逛，看到有興趣的書名就拿起來翻一翻，看完前面一、兩章覺得好讀就買。我也沒有限制自己要看哪種，什麼都看，最近我在看出版社送我的《黑小洋裝的九段真愛旅程》，還有自己買的《聖人請

卸妝》，以及另外一本去北京時發現的麵食相關雜誌，加上那本「阿飄」的書，我真的無法從中找到什麼關聯性或脈絡，只能用「隨便」兩個字來形容我的讀書品味。

「文筆」跟很多事物有關聯，也要看你使用的場合。像是考試、採訪稿、粉專文章的要求都不一樣，我最喜歡自己在粉專發文時的「文筆」，而我對自己的要求只有清楚真實，錯別字不要太多（謝謝平時幫我揪錯字的粉絲），其他的詞藻或典故都只是錦上添花而已。

所以，我的建議就是：不管怎樣，先讀、先寫就對了。

希望我這樣有解答到這兩萬名粉絲的問題。

生活不易，全靠演技

有人的地方就有江湖，有江湖的地方你就要上台，
無法逃避就只能一直演下去，
演到你可以說「老子不幹了」的那天。

之前看到一則新聞，西班牙有個奇女子卡門，因為不想跟熟人打招呼，便告訴所有親戚朋友，自己因手術失敗而永久失明，她裝瞎了二十八年，而且連老公都騙。後來因為被發現行為怪異，甚至被老公抓到偷偷看電視，終於被拆穿。

不想跟熟人打招呼就乾脆裝瞎！這就像《唐伯虎點秋香》裡的唐伯虎為了演可憐人進入華府而把自己的手打斷，人生可以活得這麼有戲劇張力，卡門根本是我的人生新偶像。

雖然從小書本和民間故事都告訴我們誠實的重要，誠實的樵夫得到金銀斧頭，誠實的華盛頓勇於承認砍倒櫻桃樹，最後當了總統；但現實生活卻一直告誡我們（或者是很自然的就讓我們知道）——誠實是屬於偉人的，像我們這樣平庸的人為了讓日子好過點必須要會演戲，不會演戲又平庸的人是沒有未來的。

就像小時候誰沒大便在褲子上呢？如果當時我老實且活潑有朝氣的說：「老師！我上大號在褲子上了，請帶我去廁所！」陪伴我之後小學六年的就會是所有跟「屎」有關的外號，心理陰影面積可能必須以工程用計算機才求得出來。所以當老師覺得實在

臭到離譜，中斷上課，呼籲在教室大便的學生自首時，我拒絕成為霸凌的受害者，決定裝沒事，加入受害者行列。

出社會後，更體會到演戲的重要性。

像是面試時，如果不表現得充滿熱誠、眼神有光，很可能就無法錄取；但很多時候，工作是要做了之後才知道有沒有熱誠，面試時的人格根本就是演出來的啊！

又或者，拿本人的採訪工作來說，作為一個採訪者必須要有能夠將奧斯卡影帝模式隨時開啟的能力，尤其是碰到言之無物又閃躲問題的受訪者時，必須要能夠放空卻又看起來專注傾聽的樣子，適時說出：「嗯，真的啊？那你當時有什麼感覺呢？」以讓你感覺像是一個專業的採訪者，就算心裡的你已經在打哈欠，還是必須演好演滿。而這並不是不專業，相反的，這是一場精采的攻防戰，兩人互相試探、共舞，訪了半天好像訪了很多又好像什麼都沒訪到，霧裡看花，皆大歡喜。

職場中，人人都該具備這樣的裝逼技巧，而大學通識更應該要開設「求職技巧入門」等相關課程。

同事曾傳給我一個「如何在會議中放空又顯得專業」的方法，大家看完後都說簡直太受用了。例如：在別人發表時持續的點頭，握著筆假裝作筆記（其實是在塗鴉），便可以營造專業的形象。又或是，再怎麼不喜歡同事，也要演出一團和氣；只是來

領一份薪水，也要和老闆演出上下同心、鞠躬盡瘁的戲碼（我真的是冒著生命危險寫這篇）！

也許你會說「演戲太虛偽了！人生為什麼不能做自己？」

當然可以做自己，當你有能力不管其他人也可以過得很好時，當然可以盡情做自己，不需演。但平庸如我的一般人需要看人臉色，有時候也必須阿諛，生活才能過得容易些，演技是必備的生活技能。

阿德勒說，人無法獨活，除非宇宙中只剩下自己，否則永遠無法逃離人際關係。有人的地方就有江湖，有江湖的地方你就要上台，無法逃避就只能一直演下去，演到你可以說「老子不幹了」的那天。

最後，無法給大家一個溫馨的結尾，心裡實在過意不去，那就跟大家拜個早年，祝各位恭喜發財，萬事如意。

全聯購物有感

她們很累，做著不是自己想做的事，
但都是為了有天能做自己真正想做的事。

前些日子到上海出差時，和同事聊到之前的工作，以及為什麼會換工作，每個人分享一輪之後輪到我，我說：「其實理由很單純，我追求的就是到全聯買東西時可以不看標價。」哈哈哈哈哈哈哈，沒錯，我就是一個這麼簡單和庸俗的男人。但同事們笑完一圈後，多少也同意我說的。接著聊到公司主管下班時，到樓下超市挑了一塊高級牛排而且眼睛都不眨一下的霸氣行為，更是令人嚮往，我聽到後精神為之抖擻。

話題接續到大家離開前有沒有被前東家「慰留」，很多人是有的，而且也都有過這種經歷——告訴前老闆新工作薪水比較高時，遭質疑短視近利，或是認為你怎麼把工作價值縮小到只剩錢，工作占了你一生百分之七十的時間，應該更遠、更大一點—被質問當下難免動搖，懷疑自己是不是意志力不夠，不夠堅持。

說實在的，相信「要做自己喜歡的事」是一件很容易的事，不過很多人走跳之後才知道現實多難。不是每個人都可以把工作當興趣做，或是不顧一切的堅持那些做起來很快樂的事；有人做了自己喜歡的工作，卻發現自己的專業含金量太低，只能勉勉強

強養活自己或根本養不起自己。那怎麼辦呢？堅持夢想和理想聽起來很浪漫，但也不是人人都可以忍受自己一嘴土味。所以有人選擇先把夢想放一邊，先顧好了自己的生活，再去想夢想、愛好。

有個朋友經歷了台灣某個產業的現況後，發現這個產業若沒錢，什麼理想都是空談；而她的朋友，希望可以振興家鄉的農產品。兩人很幸運的找到投資人，前往中國開店，過著和牛鬼蛇神打交道及與銅臭味滿點的人見招拆招的日子，她們很累，做著不是自己想做的事，但都是為了有天能做自己真正想做的事。

而我，沒有這麼遠大的理想。我很單純的想把自己的生活過好，然後還有餘力可以照顧家人；希望想吃櫻桃時不用說服自己吃香蕉也是一樣；住在一個能把二十六吋行李箱攤平的房間；看到 sale 時不會失心瘋，因為理智告訴你，你值得更好的；發現喜歡的 LINE 貼圖上架時，不用數裡面有幾個貼圖實用，買了划不划算；看《延禧攻略》時因為不想忍受廣告時間，而直接升級 VIP 會員；偶爾拍一些裝逼照，附上一句話：「房子可以是租來的，但生活不能。」

當時，被質疑之下我沒想到這些，只憑著直覺和不安選了現在的工作，但現在的我很慶幸當時的決定，也做得很開心。

其實，我想說的只是：不必因為「為錢工作」或「棄夢想不顧」而氣餒。把自己餵飽了，生活過好了，才有力氣吟詩作對，走到遠方。

關於愛情：
我們都是愛情裡的金正恩

不是要告訴你如何脫單，
也沒有任何戀愛心法和你分享，
我只想告訴你：
跌到見骨，也要保持勇猛，
磕磕碰碰，也要笑著流淚。

愛情裡的金正恩

她們找的不是填補空白的人，
而是可以一起製造核彈的夥伴⋯⋯

有種女人（或男人）骨子裡流著孤傲的血，裝不了可愛也不怕外界施加的眼光，在尋找伴侶這件事情上，她們的脾氣就跟金正恩一樣。

某天，有個女生朋友又被媽媽逼去相親了。

我有好多單身的女性朋友，其中有三位⋯⋯朋友 A，三十出頭依舊單身，她學生時期的朋友幾乎都結婚了，和她們聚會時，大家最常做的就是幫她檢討哪裡出了問題，或是拿出手邊有的「資源」要她挑；她也試著敞開心胸，但終究沒能找到滿意的，鄰居阿姨介紹的就更不用說了，有大地主的兒子，行為卻像跟蹤狂。最後沒結果，朋友、媽媽、鄰居阿姨都幫她貼了一張「太挑」的標籤。

高中時，有次我讓一個女同學走在我的左側，突然她很生氣對我說：「欸！你怎麼讓我走在左邊，太不貼心了吧！」原來作為男生必須紳士，和女生走在一起時必須要有用肉身擋車的騎士精神和決心。我還學到，女生的手和肩膀會痠，你要有四九銀心的自覺，主動去拿書包。

有次走在朋友B身邊，我主動走到她左邊，她轉頭問我幹嘛，她喜歡走左邊，幫她拿包包是大忌。B曾認識一個條件好的科技新貴，但因為興趣太不相投無法繼續；朋友說興趣相投與否並不重要，男方有車、有房、收入好才重要，因為要滿足這些「基本條件」的男生不多啊！但她說，沒車沒房也有沒車沒房的過法，要生活一輩子卻連聊天都聊不起來，她無法接受。

　　有天她拿了與一位剛認識男性的聊天紀錄要我看，其中一句讓我覺得很好笑。男的聽到她在時尚產業工作就問了：「那妳覺得妳時尚嗎？」哈哈哈哈，好令人火大的問題！B的心立刻打烊，拉下鐵門，頭也不回。

　　朋友C曾被一個富二代追過，短暫在一起的時候，出入都有名車接送，時常出入上流社會場合，但兩人常因為價值觀不同而吵架，例如：女生想吃爭鮮，男生就硬要帶她去有師父一對一切給她吃的那種餐廳（完全羨慕）。

　　有天男生帶C到一間位於天母的新房向她求婚，但她拒絕並和他分手了，原因是她覺得男方的世界和她太不一樣。我氣著罵她笨，至少先把房子騙到手給我住啊！（嗯？）她說，他有再多的錢是他的，嫁給他就是把自己賣給他家了，一輩子靠他，一生看他家臉色。

　　不久前我看過一位日本女作家的書，她想知道究竟怎樣的女

孩受男人歡迎，於是參加了兩場聯誼。

　　某一場，她要當一個可愛的女生，穿上普遍男人喜歡的白色洋裝，隱藏自己演一個溫柔、善於傾聽、行為舉止都要符合印象中「好女人」樣貌的角色，結果那場聯誼她成了人氣王；另一場，她就完全做自己，和男性盡情的聊天、辯論，展現自己聰明的一面，但不久卻發現同桌的男性一個個移到另一桌，把注意力轉移到另一個女生身上，那個女生完全就是她在上一場聯誼的樣子，一副溫柔傾聽的姿態，她甚至聽到男性說她這桌的氣氛完全是「北韓」，他們的行為叫「脫北」。

　　結論是，她若選擇做可愛的女人，或許可以盡快結束單身，得到大家所謂的幸福，但最後，她還是選擇掛起那套白洋裝，當那個不可愛的自己。

　　這些女人們都像金正恩一樣，很做自己。她們在很多男生的眼中很不可愛、很不討喜，而且從不屈服於旁人的眼光和標籤，儘管朋友都叫她們不要這樣，她們還是要發展核武。所以，別再逼她們或用憐憫的眼神看她們了，因為金正恩永遠無法跟歐巴馬當朋友。

　　她們找的不是填補空白的人，而是可以一起製造核彈的夥伴；她們不是敗犬、剩女，在愛情裡，她們是擁有自己最高神聖原則的金正恩。

　　被形容成金正恩會開心嗎？沒關係，很威風的。

成佛之路

成佛之路上的男女只是更懂得把力氣花在對的人身上，
對於露水姻緣更容易放生而已。

「為什麼你還單身？」

這是每一個步入三十後的青年男女最常被問的問題，對，包括我自己，於是我決定在晨起蹲馬桶的時間裡，收起笑臉，好好思索這個問題。

環顧周圍的朋友，可以很粗略的分成兩類：

一種是三十歲前遇到適合的對象並結婚了。

一種是三十歲前情海浮沉了幾次無法上岸，最後以仰式漂在海上，一漂就是幾年。

對我來說，三十後如果仍單身，便已在成佛之路上。

為什麼這麼說？因為三十後對愛情的渴望只會隨著時間越來越淡，也越來越容易放棄。變淡、變消極並不是因為不需要愛了，而是三十後的你，肚子裡的蝴蝶死了一大半，少了一頭栽進去的衝動，二十多歲那些可以讓世界毀滅的事情，現在都像去角質一樣不痛不癢；約會後人間蒸發？沒關係，他可能出了什麼事

吧，地球上每天這麼多人遭到不幸，我們應該用慈悲心看待這件事；劈腿？強摘的果子不甜，強求的緣不圓，願他們有情人終成眷屬，下半輩子相互折磨，相愛相殺。

也不是說三十後就不會痛了，只是繭厚了，痛感就降低了。

然後，你變得越來越好，心也強大了一點，可以自給自足，你沒有迫切需要另一個人的理由，經濟很獨立，生理需求可以自己解決；你變得很挑，二十歲時覺得雖然不理想但可以試試的人，三十後就懶得試了。

「不行，這個我不行。」

「我不想為了他改變。」

「他好像沒什麼上進心。」

「他住得好遠。」

「他是獨子，家裡還有七個姊姊，掰掰。」

最常考慮的點是：「和這個人在一起有什麼好處？」沒錯，你變得比較現實了，那些「為了愛我可以」的衝動，現在都被理性取代了。然後，你發現一個人不算差，頂多情人節被虐一虐，過年被念一念，之後還是一尾活龍。談戀愛、結婚太累了，尋找那個和你勢均力敵的人的路好漫長，找得累了還是坐著等好了。

當然，他們沒有完全放棄尋找另一半，只是對其他事情的興趣更大一點，譬如有人工作開始起步、開始自己創業，或是找到自己很有熱情的事，已經開始前進，所以不想分心也不想停下

來。對於愛情變得越來越不容易使力，越來越冷淡，相貌也越來越莊嚴（？）不過這和所謂的「佛系」戀愛以一種完全消極的態度不同，成佛之路上的男女只是更懂得把力氣花在對的人身上，對於露水姻緣更容易放生而已。

　　皇帝不急，急的永遠是身邊的太監，一下輦子打進來了，一下要你為國家社稷著想，快點找另一半。你真的需要擔心這些坐在樹下休息的人嗎？好像不用，就跟跑馬拉松一樣，不論快慢，大部分的人總會到。那些不會到的，在香腸攤前流連忘返的、直接搭計程車回家的、直接坐樹下涅槃的，也是他們的選擇，不關你的事。

分手後的禮儀

前任這種東西很毒，

沒做好萬全準備，最好別回頭。

某天晚上，我的手機因為訊息亮了一下，是我的女生好友傳來的：「欸，我前任傳訊息給我，怎麼辦啊？」

因為那封訊息，我又記起了「煩」這個字怎麼寫。

她是個耳朵很硬的人（以下就稱她為「硬耳朵」），剛分手時她很難過，難過之餘又很想知道前男友的近況，在拗不過她的情況下，我協助她在社交網路上監視前男友，包括注意他的臉書動態並立即回報，以及出借我的社交網路帳號，所以她可以用我的身分去看他的動態而不被發現，我真是一個很好的朋友。

如果只有到這邊也就算了，煩的是硬耳朵會問各種問題：

「他說這句話是什麼意思？」
「他發了這張照片是想到我們以前嗎？」
「你覺得他現在快樂嗎？」

煩啊！煩死了！好了，那到底硬耳朵的前任傳了什麼？——

120　PART3　關於愛情：我們都是愛情裡的金正恩

「我剛到台北，妳最近好嗎？」——就這樣。

　　這個世上怎麼會有這麼多缺乏分手禮儀的人？

　　很多人相信分手之後還是可以做朋友的，畢竟大家都是成年人了，應該要以成熟的態度來面對。嗯，沒錯，但很多事情都是說比做容易，像是「早睡早起、運動對身體好」一樣，分手後當朋友也是。並非我不相信這件事，而是不相信人性，絕對有那種很成熟的人，可以把前任看作一個老朋友，說到從前的美好日子可以不起一點漣漪——我是不行啦，而且硬耳朵也不行！

　　沒錯，正是因為我身邊的人幾乎沒人能做到！想想你們經歷了一段那麼親密的關係，那個人可能還給了你最難忘的戀愛，要怎麼退回到純粹的朋友關係？跟他分手時也很難過，對吧？為什麼還要因為他的舉動又開始患得患失？

　　你會說：

　　「他為什麼又發訊息給我？」

　　「是不是忘不了我？」

　　「是不是他不快樂？」

　　當然啊，很可能是他忘不了你，分手後才發現你的好，但你還記得你們當初分手的原因嗎？如果那個導致你們分手的原因還像個門神一樣杵在那，你要再去走一遭嗎？

　　是不是他不快樂？很多時候是的。不過，他快不快樂關你什麼事呢？感情沒有售後服務這件事，分手後還得要顧到他的心理

健康。看到他不快樂，或者對你噓寒問暖，你可能又會暈船，然後又被傷一次。前任這種東西很毒，沒做好萬全準備，最好別回頭。

某天，有個同事跟我說在臉書看到她的初戀男友要結婚了，「還好嗎？」我問她，她說：「沒事啦，都過去好幾年了，只是心裡還是有些怪怪的，說不上是什麼感覺。」

我們有時候很矛盾，因為很愛過這個人，即便沒能在一起走到最後，可能還是希望他幸福快樂，但看到他真的快樂了，心裡又不免一陣失落。在電影《後來的我們》裡，林見清對方小曉說，分手後可能會希望她過得不快樂，「因為讓妳快樂的人不是我。」而方小曉說：「分手後我們就別再見了吧。」男生說出了多數人的前任的心態，女生則說出了最佳的分手禮儀。

既然斷了就斷乾淨吧，一點藕斷絲連都是凌遲。

對於前任，我很相信曾經聽過的「別來無恙」，另一個解釋就是：你別來，我就無恙。

最佳愛情

> 我見過的愛情是會變的，是投資也是賭注，
> 要有眼光也要經營，有時還要看運氣。

曾連續兩天看到兩篇以「結婚應該選擇愛你的，還是你愛的人？」命題的文章，看得不太舒服。作者都是愛情裡的勝利者，生活幸福美滿，至少看起來是如此，所以好像有資格可以告訴我們些什麼。

她們都用自身的經驗分享，在面對這種選擇題時該怎麼解。不過，兩位作者有不一樣的答案：一位說要選擇愛自己多的；另一位說應該選擇互相深愛彼此的來結婚，也就是你愛的那個人剛好也很愛你，因為你值得這樣的愛情。

我的舅媽（對，我不是人，連舅媽都消費）和舅舅結婚二十幾年，小時候我常常會去她家玩，印象中，從很多地方都能感覺到她愛舅舅多一些，總是噓寒問暖、把屎把尿，舅舅雖然不至於花天酒地，但的確對舅媽沒什麼心思，甚至聽舅媽說過，覺得舅舅根本不在乎她。最近幾年，她生了一場大病，舅舅放下工作，每天守在她的病榻前，換他噓寒問暖、把屎把尿，沒有抱怨。

我有個好朋友，和現在的老公是青梅竹馬。他們曾經分分合

合好幾次，女生很聰明，學歷又好，說實在的，兩人在世俗眼光下看來很不搭，例如：女生想聊她看過的一本書，男生卻會一秒睡著，根本就是在對牛彈琴。

兩人分開時，她也試著找過一個興趣相投，她崇拜也心服口服愛上的那種男人；不過，後來他們復合，不到三十就決定和這頭像牛一般的男子步入禮堂，我們都很驚訝，她說，她相信不會找到比這頭牛更愛她的人了。最近，她的臉書上放了一張老公與兒子的照片，寫著：我最愛的兩個男人。

我見過的愛情是會變的，是投資也是賭注，要有眼光也要經營，有時還要看運氣。沒人可以保證眼前那個沒有很愛的人，未來會不會變成你的最愛，又或者是現在很愛你的，會不會變質臭酸。

最好的愛情只能是你當下想要的，以及是不是擁有你未來期待的樣子。有人認為能找到可以讓他奮不顧身去愛的就是真愛；有人覺得愛情應該是對方能愛她比自己更多的，就像選工作；有人希望人人稱羨還賺大錢；有人只希望能填飽肚子，平平凡凡。

沒有誰可以驕傲的告訴誰，愛情就應該像自己擁有的這樣，或是你應該尋找那個你愛的剛好也很愛你的人過一生，如果不是，那就不是真愛，而且不值得交付一生；而那些只想找個人一起過日子的，就只能算將就。婚姻好像不是這般武斷就能得到結論。

地球上有幾十億人，沒那麼多勢均力敵、愛情結合的婚姻，沒有那麼多披著金甲聖衣、腳踏七彩祥雲的至尊寶（引用自電影《大話西遊》）。我知道我們都值得，但那不代表我們都能擁有，不然，你為什麼還沒加薪呢？

那些急著說愛的人，
通常不靠譜

這樣的人通常分為兩種：
一種是極度沒有安全感，一種是極度注意力不集中，
兩種都不是什麼好東西。

你有沒有碰過一種人：認識的當下就喜歡你了，當天就表態想和你交往，隔天就開始以簡訊照三餐問候：「早安、吃了沒、睡了沒」，接著神進展到和你談未來，管起你的每日行程、跟誰出去等。接著你告訴他太快了，想慢一點，多瞭解彼此一點之後再決定交往；然後，這個人說「好」，接著卻消失了。

這一切發生的很快，有時三天，有時一週，有時一個月。

我常常在想，到底為什麼有很多人可以快速的就說出好喜歡你、好想跟你交往、好想跟你構築人生藍圖、好想你幫他生個孩子？這種光看到你的美麗皮相就對你愛愛愛不完的模式，不是應該只出現在賀爾蒙急速分泌的青少年時期嗎？但為什麼長大之後，甚至三十之後還是常常遇到這種急驚風的戀愛冒失鬼呢？

有很大的原因應該就是因為自己長得太好看了，這真的是沒辦法的事情，長得好看的確是祝福也是個詛咒。但有時事情就是這樣，不試試看怎麼知道呢？就真的這麼交往下去了。然而，急

著說愛的人通常分為兩種：一種是極度沒有安全感，一種是極度注意力不集中，兩種都不是什麼好東西。

沒有安全感的人，會想緊緊把你抓著，很怕你被別人搶走，你會覺得和這樣的人在一起，就算在腳底板刺上「永遠忠貞」都無法證明你丹心一片，然後每天都在猜疑和爭吵；另外一種人是有戀愛過動傾向的那種，他們無法長時間維持專注，對戀愛或感情可能就像沒辦法讀完一整本書，或是乖乖看完兩小時電影那樣，他們易分心、衝動、靜不下來，永遠精力充沛卻難以對單一人事物專心。所以一看到新奇的你，就衝動的想要擁有，然後在毫無任何認識基礎（或非常薄弱）下交往，最後可能因為某個無法接受的點完全滅火，滅到再也燒不起來。

朋友阿珠有點衰，剛好兩種都遇過，感謝她的運氣，我才有素材可以寫。

碰到Ａ男時，在猛烈的攻勢下，他們一週內就火速交往了。因為阿珠的人氣頗高，這點讓Ａ男很沒有安全感，阿珠每天都生活在被拷問的阿鼻地獄中，從當日行程、過往情史，到一堆亂七八糟的疑問。Ａ男甚至打開阿珠的IG相簿，一張一張詢問拍攝地點、跟誰在一起等問題，根本就像天天參加大學指考或求職面試。

後來，Ａ男以阿珠無法給他安全感為由提了分手。

傻眼，交往時間僅兩週。

接著出現Ｂ男，同樣攻勢猛烈，這次阿珠決定要慢慢來。她告訴他希望慢一點，先多了解彼此之後再交往，有了基礎之後也會更穩定。但Ｂ男耳朵很硬，非要阿珠快點決定並給個答案，思來想去，阿珠還是決定拒絕，Ｂ男轉身消失還封鎖阿珠，一種「現在不當戀人就什麼也不是」的決絕姿態。之後他很快就有了女友，只能說，祝他一生平安。

也許有人會問，是不是阿珠不夠喜歡Ｂ男，所以才沒辦法馬上答應？可能吧，但畢竟脫離了青少年，賀爾蒙已消退大半，理智會告訴你，很多事情可能比一時激情重要。

如果有時間卻沒安全感，不如多花時間好好瞭解你；如果這麼趕著要和你在一起，或這麼著急說愛你，他的喜歡或愛能停留多久？那看起來就像一個說話不經大腦的人，嘴裡吐出的內容很難讓人相信。

而這樣的人，來得快，通常也走得急。

你還不交卷？

其實你已經有了答案，
只是不甘心交卷。

小時候考試時，如果碰到不會寫的問題，你會怎麼做？

我會直接交卷，就算提早到教室外坐著發呆也好，等福利社開門。會寫答案嗎？不一定，是選擇題就亂猜，填空問答通常就直接空白了，亂寫一通反而讓老師笑我沒準備，太糗了。

但有一批人，他們絕對會坐到最後一刻，有些是成績好的學生，非要檢查徹底才肯交卷；剩下的是跟我一樣不會寫的人，但他們不甘心，以為撐到最後一刻再回頭看，就能想出答案了。

有兩個朋友，在我寫這篇文章的前幾個月，都剛好「考了一個試」，和我聊了考試心得。

女生A認識了一個在國外工作的男生，兩人很快的陷入熱戀，也很快就分隔兩地。剛分開時兩人依舊很頻繁的通話，互相都知道彼此在幹什麼，就像一般很正常的熱戀情侶那樣噁心，喔，我是說甜蜜。

不過，一陣子後，兩人開始有很多爭吵，一會兒吵前女友、一會兒吵戀愛觀，到後期幾乎天天在吵架。後來，男生因為在

132　　PART3　關於愛情：我們都是愛情裡的金正恩

國外的生活出了點問題，工作也不順利，對 A 的態度開始變得冷淡，她的每一個問題或動作都很容易觸動男生的敏感神經，A 知道是什麼問題，但並非她能夠幫忙的範疇。她很喜歡男生，問他是否能維持彼此的關係，也算是一個陪伴，但男生只說了：「我沒有心思。」

A 對這段關係有很多不解：「沒心思」是指對她已經沒心思了，還是沒心思回應她的問題？他是否還留戀前女友？他如果可以這麼輕易放下，當初為什麼還對她好得那樣煞有其事？

梨花帶淚的 A 跑來找我訴苦，只差沒有帶一對鼓棒擊鼓鳴冤。強撐著睡意聽完她的故事後，我問她：「這男的感覺差不多可以放生了，妳還在堅持什麼？」

「我就是不懂啊，人的態度怎麼可以轉變那麼快，他最喜歡的是不是還是前女友？」

「我不知道。」

「那是不是可以說他根本沒喜歡過我？」

「我不認識他，這我真的不知道。」

「他說沒心思了，意思是要分手嗎？」

「我真的不知道。」

「我也不是要糾纏他，他如果跟我說，我不喜歡妳了，我們分手，我就不會纏他。他為什麼不給我一個明確答案？」

「也許那已經是他的答案了呢？是妳自己覺得那不是正確答

案，想破頭要一個正解而已。大家都交卷了，妳還坐在那糾結。」

這回合結束。

幾天後，我接到一通電話，是B打來的。

B是我的高中好友，她在學校是風雲人物，身高一百七十八，長得漂亮，對感情總是很有一套，一直是我的人生偶像，因為她知道自己要什麼，也懂男人要什麼。

後來，她和一個交往三年的男人結婚了，婚後生活也非常幸福，老公很疼她，對她很照顧，常常看到他們在臉書上晒恩愛，也常和我分享老公平時有多疼她。接起那通電話，我一如往常的和她打招呼。

「怎樣，又要約喝酒了是不是？」

「我和老公最近在談離婚。」她冷靜的說。

「蛤～～～～～～？！」

當下我呈現一個癡呆的狀態，他們過往的幸福閃照在我的腦海裡像跑馬燈一般閃過。

他們結婚四年，一年前她發現老公有些異狀。有天同事把應酬酒醉的老公扶回家，她見機不可失，用老公的指紋開了手機，發現老公的確和一位女同事出軌，推算一下時間，大概是一年。聽到這裡，我忍不住問她還好嗎，覺得她現在應該十分崩潰。沒

想到她卻意外冷靜，冷靜到像是已經把老公處理掉了（嗯？）

她說：「原本我想裝作沒這回事，因為他平時為這個家付出很多，在外打拚的男人偶爾想尋找外面的溫柔，也沒什麼。」天啊～～～你是富察皇后嗎？怎能如此寬容啊！

「但是有一點讓我過不去，所以我受不了，要和他離婚。」

「嗯，什麼事？」我問。

「他不帶我去公司員工旅遊。」

「蛤？」我在心裡禁不住老派綜藝跌倒了。

「以前他都會帶著我一起去員工旅遊，但這次想必是因為那個小三，他想勸我別去，但我想，那是你們的事，你們偷吃，為什麼我要躲躲藏藏？我沒揭穿他，只是堅持要去，最後他惱羞成怒，說我任性，最後居然拿離婚威脅我。我聽了，冷靜的把知道的事情說出來，接著告訴他，那就離婚吧。」

偷吃老公聽了之後，完全嚇傻，拚命求挽回、求原諒。

「那妳還會改變主意嗎？」

「不會了，原本我還糾結，但聽到他為了不讓我去，他們倆可以肆無忌憚，竟然拿離婚來威脅我，那時我心裡就有答案了。」

「妳會不甘心嗎？」

「感情的事本來就是這樣，沒什麼好怪誰的，我們過去還是有很多美好回憶，那些時間也不算浪費，他在這件事上會用我們的婚姻做為籌碼，對我來說答案已經很明顯了，我不會再逼他選擇或做承諾了。」

往往，我們在苦苦相逼時，其實心裡都有一個答案了，過不去、放不下只是因為「不甘心」三個字，想要別人賞自己一個痛快。但是，如果可以自己早點交卷，不只能早點痛快，還能早點到福利社買餅乾吃，多好？

別對你喜歡的人「嗯嗯」

這兩個字看起來輕描淡寫，
其實殺傷力很大，
專門用來讓人知難而退。

「嗯嗯」這兩個字本身有幾種意思，可以用來表達自己有屎意，用來表達「知道了」「好」「好啦」「好啦，還要說幾次」等，再複雜一點的社交情況還可以表達「我不太想跟你聊天了，你懂嗎？」

這兩個字看起來輕描淡寫，其實殺傷力很大，專門用來讓人知難而退。

我有一個極度不會聊天的朋友，已經到有點社交障礙的地步，要不是還有幾分姿色，可能會是母胎單身的VIP會員。有次她跟我說，最近碰到一個心儀的男生，兩人還在聊天階段，但似乎一直都無法聊得很熱絡，我拿了她的手機，滑開對話紀錄。

「妳吃飽了嗎？」
「嗯嗯。」
「我今天工作好忙，主管要我交的東西我都還沒弄完。」
「這樣喔，加油。」
「妳到家了嗎？」
「嗯嗯，到了。」

看到這裡真的是一股火上來，嗯你個頭啊！聊天機器人都比她有戲，妳不會反問他嗎？妳不會也分享自己工作的事嗎？妳讓這男生在那裡自言自語，會熱絡起來才有鬼吧？！

那難道傳訊息就不能「嗯嗯」嗎？當然可以，但是你嗯嗯完要記得擦屁股，我的意思是說，之後應該要接個什麼東西吧？例如一個貼圖、一句短短交代的話，都會讓人感覺好一點，至少讓人感覺你是願意繼續交談的。

再提一個完全相反的例子，另一個女生朋友的姿色又再稍微高一些，所以她的LINE裡面總是有許多蒼蠅飛來飛去，和她出去時，手機跳出訊息閃光的頻繁程度，已經可以搭配電音舞曲而不違和。

「這麼多人敲妳，想聊的、不想聊的，妳都怎麼應付？」我問。

她說：「想聊的人就不用說了，自然是會好好回話，然後自己找話題接下去；感覺還好的，就禮貌回應，但是不會再特別想話題；如果是完全沒興趣的，就必須讓他們知難而退，但是也別直接叫人家滾，人家也是父母一匙匙飯養大的呀！」她的做法就是回覆「嗯嗯」「好喔」「呵呵」⋯⋯絕大部分的時候字數都不超過兩個字，時間久了，對方就自討沒趣了。

所以，「嗯嗯」這兩個字不是不行，而是它表現出來的就是「沒心」。曾經有個女生朋友在跟男生曖昧時，或者應該說，到

後期只剩她在單方面曖昧時，男生很常用「嗯嗯」句點她。她急著來找我觀落陰，尋求解答。

「他是不是怎麼了？」

「『嗯嗯』代表什麼？」

「他是不是遇到了什麼事？」

「碰上這麼寡言的男生應該要怎麼聊？」

我請她回憶一下，剛開始時男生會這樣嗎？說了「嗯嗯」之後他還會不會說些別的，而不是像現在這樣用兩個字當作回答？所以，很明顯是他沒興趣了吧，還有什麼好觀落陰？

結論就是，對喜歡的人不要隨便「嗯嗯」；對不喜歡的人請盡量「嗯嗯」；當別人對你「嗯嗯」時，別還急著想幫他擦屁股，趁早離開卡實在。

在幹嘛？

滿心想著可以聊得像 RAP，
誰能料到最後會以 R&B 收尾？

最近看到一個粉專，版主說她最恨男生問她：「在幹嘛？」

正巧前一陣子也和一位號稱男女都能撩的女生朋友（在這邊先用「小妖姬」稱呼這位朋友）聊到如何在在剛認識的時候把關係提升到曖昧，其實這個過程相當困難，因為通常不管你怎麼拿到對方的通訊方式，你都只是一個「聯絡人」，剛開始聊天很容易就乾到不行。

「在幹嘛？」「吃飯／走路／上班」「喔喔」「嗯嗯」「咿咿」「嘻嘻」「顆顆」……結局就是以一種R&B、無意義的發語詞結束對話。

小妖姬說「在幹嘛？」是全世界最無聊的問題，仔細想想，她說的真沒錯，尤其當你對一個人還沒有什麼好感的時候，他三不五時就來問你在幹嘛，難道你不會想回「干你屁事」嗎？

我為什麼要跟一個不熟的人交代我在進行一個什麼的動作呢？但再仔細想想，誰沒有問過這個問題？當你小心翼翼的想跨出第一步，又小心翼翼的問了一個好像最能回答且無傷大雅的問題時，滿心想著可以聊得像RAP，誰能料到最後會以R&B收

尾？

　之前跟一個朋友吃飯，她在朋友的介紹下認識一個男生，雖然沒有一見鍾情，但印象也不討厭，交換LINE之後就開始一連串可怕的問候地獄。

　首先每天第一句就是：「美女早安！」「在幹嘛？」「要吃飯喔！」「下班了嗎？」剛開始她認爲因爲是朋友介紹的，不好意思完全不理人家，還會禮貌的回一下，「嗯嗯，吃飽了」「你也早安喔」，然後就進入R&B階段——「嗯嗯」「呵呵」「喔喔」「掰掰」，最後爲了耳根清淨還把男生封鎖，連歌都不唱了。

　好啊，什麼都不能問那要聊啥？小妖姬說，不管男生女生，最容易的方式就是先搞清楚對方喜歡什麼，你可以去看看對方的IG或臉書，多少可以看出一些端倪。問問這些事，甚至丟給他一個好笑的影片都比問「在幹嘛？」有趣很多。盡量要保持自然，「刻意」很不sexy，不要讓人家覺得你很閒，一直想找話題聊天，每天照三餐關心人家吃飽沒、穿暖沒，那是進入曖昧期或對方是你失散多年的骨肉才適合的問題。

　不過，認識朋友是很主觀的，也很現實，如果你都這麼做了，對方還是沒反應，那「有眼力」也是一項很重要的人生技能，focus自己在幹嘛就好，不要再問了。

感情鬼故事：
正宮小三當閨蜜

正宮和小三相鬥，鬥倒的一方離開，
男人樂當迷途知返的羔羊，什麼事都沒有，
鬼故事竟可以溫馨結尾？

慧川自落入凡間以來，牛鬼蛇神的鬼故事聽得很多，尤其有些朋友的感情故事簡直比民間故事還精采（深吸一口菸）。

朋友L是其中之一，在上一段感情中，她第一次當小三，而故事的開始有點情非得已。

L是個很有型也有想法的酷妹，甚至跟富二代交往過（但那又是另一段鬼故事，有空再跟大家說）。在她的公司裡有個男業務，以下就簡稱他為「渣男」，他很快就像蒼蠅看到屎般撲上來（不是指我朋友是屎，不要曲解我的意思）。

渣男長相普通，穿著零品味，給人感覺有點油，甚至有點膩口。有車、有房，似乎是靠自己攢了一間新北市公寓，儘管還在繳房

貸，但以三十出頭的年紀來說，算是難得的上進。而且，他已經有一個交往多年的女友。

一開始L根本看不上渣男，但他窮追猛打，一連串的貼心舉動讓L動搖了。最重要的是，渣男說他和正宮感情已經很不好，正宮公主病很嚴重，兩人常常吵架，目前只剩下多年累積的情分，沒有愛情。但，原來那間房子正宮也有出錢，如果突然提分手，正宮會受不了，到時渣男辛苦買下的房子可能會拿不回來；而且正宮還有自殺傾向，萬一出人命，誰擔得起。我不太清楚細節，L每次說到這邊我就會放空，因為戲碼實在太爛。

總之，L破例了，願意在他分乾淨前就交往。不過，L很快就發現自己跟渣男是不同世界的人，他們三天兩頭就吵架，只要提到正宮，渣男就會拿房子和正宮的憂鬱症當擋箭牌。L到後來反而覺得自己不識大體、不體貼，怎麼為了小情小愛要他放棄一生心血？而正宮就被描繪成一個蛇蠍女人，用房子和自殘控制渣男，把他囚禁在這段沒有愛的關係裡，凌遲他。

後來，渣男說他因為房子的事已經夠煩了，受不了L時常跟他吵吵鬧鬧，要分開一陣子。L一氣之下，決定背著渣男跟正宮攤牌，求她好心分手。精彩的來了，和正宮接觸後，L發現她完全不像渣男說的那樣，也沒有憂鬱症，是個陽光少女，比NONO還陽光。她發現L的存在後，就跟渣男分手，但渣男一直死纏爛打，時常背著L偷偷跟她聯絡，甚至還主動送東西給她，跟她說自己可以立刻跟L分手再回到她身邊，同時又不肯跟L斷乾淨，

說自己還是很喜歡L（聽到這裡，簡直要逼我從書包裡拿出傍身的關刀）。

之後，L跟正宮比對渣男說的故事，還有LINE訊息佐證，真相終於大白。自此之後，兩人相濡以沫、互相解氣，敵人昇華成閨蜜。就像電影《婦仇者聯盟》裡的正宮與小三終於發現男主角用不同的故事周旋在女人間，決定結盟對付花心渣男。

渣男可惡的地方就在他從來都沒有要真的跟誰分手，他覺得誰能接受自己都好，最好兩個都可以擁有。渣男繼續用不同的故事誆正宮跟L，她們也無意拆穿，只是看著渣男像跳梁小丑一樣左忙右忙，正宮與L都無意跟他復合，有時還同時鬧渣男，冷眼看他焦頭爛額的德性竊笑。

但過了幾個月，L發現正宮有許多事並沒有老實說，她對於這個新的「閨蜜」感到挫折與失望，快速建立起的革命情誼，同仇敵愾之念，原來薄弱到不堪一擊。我勸她別繼續淌渾水，趕快離開這個羅生門，繼續過自己的日子才是正經事，這是她第一次當小三，我也希望是最後一次。不過，最近渣男又傳訊息給L，問她要不要一起出國玩（我再度從書包裡拿出關刀）。

很多人仇視小三，覺得她們就是妲己化身，迷惑紂王，要來毀掉自己與心愛男人建立的關係。但怎麼就忘了一件重要的

事──很多時候是這男人出問題，是他好色、昏庸。

可能太愛、太相信對方，就像上警局大鬧的母親，不相信自己的兒子犯錯，還咬定兒子一定是被帶壞或被陷害。小三就是那條伊甸園裡的蛇或狐狸精，心愛的男人一定有他的身不由己、無可奈何，但究竟誰逼他啦？

正宮和小三相鬥，鬥倒的一方離開，男人樂當迷途知返的羔羊，什麼事都沒有，鬼故事竟可以溫馨結尾？

總之，很高興L已經不在那故事裡，至於渣男的故事要怎麼走下去，我們都不在乎了。

感情鬼故事：
女人的風度

她問：「是不是很傻？」
我只說：「傻不傻我不知道，但我欣賞妳的勇氣和風度。」

　　成立粉絲團以來，我陸續收到很多私訊，大多是些垃圾話、穿搭疑惑，以及跟我要簽名照的粉絲（再逼我，我就簽一張觀世音的佛卡給你，對！就是你，基隆的林小姐）。但萬萬沒想到，有天我收到了第一封有感情煩惱的粉絲來信，姑且稱她為南勢角小辣椒（當然，當事人名稱必須經過特殊處理）。

　　我很驚訝，畢竟我不是女王，沒有滿滿的正能量；也不是《慾望城市》的凱莉·布雷蕭，生活就是一部小說、A片、懺情錄；或是其他兩性作家，可以用迂迴的智慧小語告訴你：「you got screwed, move on.」。我只是一個下班回家會看《太子妃升職記》及《Running man》的平凡上班族。

　　但收到訊息後，我還是硬著頭皮回覆了⋯⋯
　　小辣椒信件如下（已徵求當事人同意公開）：

　　「慧川，我一直懷疑我的男友跟公司女同事有什麼，對於我的

質疑，他總是迴避。我偷看了他的臉書訊息，發現他跟那女的真的有曖昧（搭配截圖）。而且他最近對我的態度很冷淡，常不理我，出門跟朋友聚會也不讓我跟，說我把他抓得太緊，我該怎麼辦？」

以下為我的回信：

小辣椒，抱歉回覆晚了。

看了妳的訊息，很遺憾，妳的男友應該是出軌了，而且比較令人不舒服的是，其中還帶了感情成分，對我來說，這比單純的肉體出軌還糟。

不過，我並不會劈頭就要妳跟他分手，我並不了解你們的交往歷史及狀況，一味的要妳割斷感情並不負責任；我也不會跟著妳一起罵這男人賤，因為我的角色不是閨蜜，那不理性。

首先，妳是不是應該好好檢視你們之間的關係有什麼問題？必須很仔細的想，從相處到性生活都思索一遍，是否有什麼樣的摩擦讓你們的感情變淡？或是讓他必須向外尋求慰藉？假如妳很確定問題不在妳本身或彼此的相處，那這男生是第一次出軌還是慣性出軌？

第一次出軌也許有什麼原因，可能是你們的相處讓他覺得缺少什麼，是不是能夠改變？還是你們的相異太大，已無法改變？如果要嘗試改變，妳就要有心理準備最後可能還是無法改變。

如果他是慣性出軌，那很有可能在未來的日子裡他都會這樣。我不確定你們是不是剛交往，還是已經走了很久？妳愛他嗎？妳能愛他愛到忍受他出軌嗎？我無法接受，但感情的事情很複雜，有人可以接受另一半的肉體出軌；有人對這件事有一定額度，超過了便決裂；也有人是感情潔癖，一次都無法接受。妳必須問自己：妳的底限在哪？他值得妳放下自尊與身段，以及未來不斷的擔心受怕？

　　妳說他很少在妳身邊，很少理妳，他常說他需要空間，說妳抓得緊，朋友的聚會不讓妳跟。其實這已經說明一些事，可能妳還沒有勇氣承認，抱歉，我很直接，因為我不希望妳浪費時間。男人也許會需要空間，需要跟自己的朋友相處，但不會總是這樣，如果真的在乎妳，他怎樣都會找時間陪妳，不可能都不理妳，陪伴的頻率會比對妳不理不睬來得多。

　　評論別人的事較容易，也看得比較清楚。現在妳已經發現了，可能千頭萬緒不知道該怎麼辦，但我希望妳能向他坦承，告訴他妳已經知道了，他要走，妳就放生，不要互相浪費時間。憑什麼他能享受出軌的快樂，還把妳當備胎，當他隨時回頭的避風港？

　　當然，坦承後，先為妳偷看他的臉書訊息道歉，不管怎樣，做個有風度的女子。

最後，小辣椒跟第三者及男友攤牌了，過程有些難堪、火爆，但最終還是四人冷靜的坐著談（小三也有男友，這不是鬼故事）。小辣椒選擇原諒男友，也說兩人確實都有需要改進的地方。

她問：「是不是很傻？」
我只說：「傻不傻我不知道，但我欣賞妳的勇氣和風度。」
希望妳幸福，小辣椒。

分手自處法則

時間永遠是最好的 OK 繃，
貼起來，不管它，
時間久了，你還是會記得那道傷，
但傷口已經不痛了。

分手，真的是一件很痛苦的事。

你會好一陣子不知道生活的目的是什麼，茶飯不思，也不成眠。獨處的時候就想哭，出門也想哭。以前放屁時，有人糗你，笑出豬聲時，有人笑你，現在做什麼事都會想起那個人，就連走到巷口買鹹酥雞也會觸景傷情，看到攤子上擺了他最愛吃的雞屁股，若分得不愉快，可能還會在心中暗暗咒罵，希望他這輩子都買到裡面卡了髒東西的雞屁股。

分手後的情緒百百種，活到這把年紀，我經歷過也曾經扮演過陪伴的角色，所以想給大家一些小建議：

最好避免再相遇

「相遇」包含了在社交網路上。很多人在分手後還會特別注意前男／女友的動態，「他是不是有新歡了？」「他現在過得好不好？」不過，知道他的動態要做什麼呢？老實說，如果真的很喜歡或愛一個人，很難無動於衷，如果他有了新人，你會為他的放下感到失落；如果他現在過得很好，你也會惆悵；如果他現在不

好，你的心也可能會動搖。

有個朋友在臉書上得知初戀男友要結婚了，雖然她也過得幸福快樂，但當下心情還是覺得怪怪的，有種說不出來的酸。雲淡風輕是一種很高的境界，等級太低還是眼不見為淨。

別再期待他的任何動作

分手後還對那個人「有期待」是很危險的。既然分開了就要分得乾淨，別因為他的一個問候、一張照片就以為他的心裡還有你。他的一時空虛、生活無聊不必由你去填補，除非你已做好再次失望或受傷的準備。

停止問自己一些沒答案的問題

「我是不是哪裡做錯了？」

「為什麼他不喜歡我了？」

「他說喜歡我難道是假的嗎？」

曾陪過一個分手的朋友，問我這些問題時，我的表情就像可達鴨一樣茫然。你都不知道了，我一個局外人如何知道？

況且，重點不是這些吧？你知道他不喜歡你什麼又能怎樣呢？他說他不喜歡你的長相，你就去整型嗎？他說不喜歡你媽媽，你就換一個媽媽嗎？當一個人不喜歡你的時候就是不喜歡了，喜歡你的時候怎麼就沒見他這麼多問題；逼問出來的話，你能確定就是百分之百的真實嗎？不過是圖個心理安慰，消弭你的

不甘心而已。

有個朋友在一段爛感情裡，充滿問號，她去問了通靈老師，老師說：「他把一切藏的很深，但妳想知道的答案，都會在他死後得到解答。」哈哈哈哈哈哈哈～聽到沒有！通靈老師都猜不到渣男在想什麼了，不要再自己觀落陰了，好嗎？

分手之後，這些都不重要了，重要的是你自己。

所以，讓自己忙到起飛

「找事情讓自己忙」是短期治療情傷最有效的方法，以前世界的重心只有他，要做什麼都得規畫兩人份，更慘的是還要繞著那個人轉，現在不必了。你想去遠一點的地方旅遊，就去；你想衝事業，就衝；你想健身，就去瘋狂的做，不要只去跑跑步流個汗就沒事了，而是做到你自己都看到改變為止。

這種正向的忙碌會讓一個人變帥變美，以前訪問過的那些女明星說：「讓自己變得更好，好的人就會出現。」聽起來很八股、很廢話，可是後來發現的確是如此。而且，讓自己變好也不是一件容易的事，過程很辛苦，不過既然這麼辛苦了，一定會有回報的。

你說，已經這麼愛過，怎麼可能可以輕描淡寫的放下？沒錯，說的永遠比做的容易，你也一定會很想那個你曾經很愛的人，但是，時間永遠是最好的OK繃，貼起來，不管它，時間久了，你還是會記得那道傷，但傷口已經不痛了。

張小嫻說過一句話：「想要忘記一段感情，方法永遠只有一個：時間和新歡。要是時間和新歡也不能讓你忘記一段感情，原因只有一個：時間不夠長，新歡不夠好。」

　　就像小時候，你以為月考考砸了是多大的事，現在回想起來，那根本就是鼻屎大的事，嚴重性還比不上你早晨排便不順。

胸圍與戒圍

單身或已婚，她們都羨慕對方，
但被羨慕的一方其實早已水深火熱……

三十之後，女人似乎變得很容易羨慕。

結婚的羨慕單身的，單身的羨慕已婚的，前者羨慕還在水裡游的單身狗們逍遙自在，而後者則羨慕上岸的同胞找到依歸，不必繼續載浮載沉。

先談談已經上岸的那群好了。

有一個熟識的姊姊，她在三十出頭時很想結婚，那時她深信自己找到績優股，常常哭訴為什麼男友不娶她，三不五時逼她男友娶她，最後如願，孩子也生了。

結婚五年，我發現最近的她真的有夠厭婚，天天都想殺夫，不是詼諧的那種，是真的會上社會新聞版的那種。她在自己的社群動態寫下：「婚前，覺得對方是氧氣一般的存在，時刻都不想分離；婚後，每分每秒都想把對方當空氣，而且要不停深呼吸。」

以前她覺得老公講話好慢、好斯文，現在問一個問題想三秒以上姊姊就會拳頭握緊；以前覺得他走路慢，是穩重的象徵，現在只想直接飛踢他屁股讓他用滾的。她每天都想離婚，每天都覺得當年男友不娶有什麼好哭的，婚後才有得哭，每天都想哭。

　　她說著，踏入婚姻前看著別人都很幸福，婚後卻一直想念單身的自己，那個自由的自己。她為這段婚姻改變了很多，覺得自己越來越不像自己，公婆巴著要小孩時，她不想要，夾在中間先生為難，自己也喘不過氣。

　　「有時，我羨慕單身的你們，也想念那時候的自己。」她急急忙忙的走入婚姻，以為套上的是一只美麗的戒指，卻讓生活把它變成了緊箍咒。

　　而另一個好友Ｎ，是和我年紀差不多的女性，也和許多人一樣，看著身邊的好友一個個結婚了，所以患了恐慌症。她還特別去找了一個算命老師，老師說她○○歲前再不結婚就注定要孤老一生，她嚇壞了，所以老師要她別太挑，七十分就夠了。

　　其實，她原本沒這麼渴望結婚，心裡也不急，總是抱著「我就是要找一個我真的能愛一輩子的人結婚」心態；不過，老師口中「孤老一生」四個字的威力實在太大，讓她趕緊屁滾尿流的打開交友軟體，瀏覽了之後才發現，這個城市裡真的充滿了機會，但要從一堆拐瓜劣棗裡挑出好貨，簡直有如大海撈針。

她先認識了Ａ男，一個三十幾歲的接案攝影師，雖然不算有錢，案源也不太穩定，但還養得活自己，衡量各方面條件後，Ｎ覺得他應該有七十分。約了幾次會、上了床，攝影師的床技不佳，「弟弟」應該算是迷你，但Ｎ都覺得這些不算什麼，攝影男在事後的一句話才真讓她崩潰：「我還有在與其他人約會，先跟妳說一聲。」

　　老天！這個勉強七十分的男子把她當備胎，Ｎ怎麼也是一個有頭有臉的公司主管，當下實在覺得太羞辱人了。回到家後大哭一場，她覺得自己真是自找罪受。

　　她還給我看了跟另一個男子的對話，也是相當奇葩：

「妳好。」
「你好。」
「方便知道妳的胸圍嗎？」
「什麼？」
「嗯嗯，妳的胸圍。」
「不方便耶，這是什麼問題？其他女生都會告訴你？」
「對啊，有些會說。」
（封鎖）

　　哈哈哈哈哈哈，天啊，這就是單身女性的困境啊！妳想找一個對象，但對方只在乎妳的胸圍，不在乎妳的戒圍啊！

寫這篇文章時，身邊有兩個朋友正面臨離婚，還有幾個朋友仍在單身苦海中掙扎，單身或已婚，她們都羨慕對方，但被羨慕的一方其實早已水深火熱；已婚的人想念單身，卻忘了單身時的焦躁與不安；單身的人急著想踏入婚姻，卻不知她們有沒有問過自己，是不是已經準備好接受婚姻的磨難了。

　　希望婚後的妳們，老公還在乎妳的胸圍；而單身的人，都能找到想知道妳戒圍的人。

門當戶對錯了嗎？

門當戶對才是現實的愛情，
而這裡指的不是財產或家世，
而是思想、愛好和對生活上的各種追求。

小時候看連續劇或偶像劇，生活過得平凡甚至很慘的女主角，如果和家裡特別有錢或家世特別好的男主角相遇，男方父母人物設定有八九成都是一副勢利嘴臉，要男主角挑一個門當戶對的對象。

接下來的劇情就是男主角為了愛情排除萬難、火裡來水裡去，感動所有人，最後有情人終成眷屬。我們都很習慣這樣的故事線了，所以在現實生活中聽到有人用「門當戶對」當成標準時，都會變得有點批判的心態，我也是。

先說說這樣的戲劇對我們的擇偶認知造成了多大影響。

它讓我們相信兩個不同世界的人真的可以幸福快樂，愛情真的可以跨越所有現實的藩籬，真的會有一個滿足所有條件的完美對象，還這麼剛剛好也喜歡你，赴湯蹈火就為了和你廝守一生。

然而，在現實中的很多情況是，戀愛時可以接受你的一切，相處後互相遷就，最後互相厭棄。

我剛好有一個很激勵人心的故事。

好友咪咪有一群好朋友，其中有個男生是香港的執業律師，長得陽光又多金，因為朋友的介紹認識了一個女生；女生的背景相對平凡，在一般公司裡當業務助理。女生非常喜歡這位ABC律師，不過剛開始時，男生的朋友們並不看好這個女生，老實說也就是因為她的背景，覺得男生應該可以找到更好的、更匹配的。女生自己也知道，自己在檯面上的條件確實好像配不上他，但她沒有因此放棄。

她開始對自己進行一連串的改造計畫，不是整型，而是奮力朝這個男生所在的高度前進。

男生是個健身狂，她也開始健身，每天早上六點跟著他去健身房，不止陪他，也把自己變成可以跟他一起健身的夥伴；她戒了自己愛的甜食，和男生一起吃得健康；為了融入他的朋友圈，她拚了命學英文；為了和男生有共同話題，她去上課、學攝影，也開發其他興趣，讓彼此之間有更多火花。

也許她在這段關係裡一開始的分數並不高，但她不斷為自己加分，漸漸的，男生覺得女生是他生命中一個很重要的存在。在他們的婚禮上，女生從一個完全說不出一句英文的人，到自己唸出英文誓詞，那一刻，讓大家紅了眼眶。

義無反顧、接受我們所有不同的夢幻愛情還是存在的，但走到最後，激情過了，那些對另一半的要求在更多時候才是真的現實，即便是威廉王子與凱特王妃的結合也不完全是麻雀變鳳凰，

他們是同所名校的同學，凱特原本也是事業女強人，自己本身就是鳳凰，進入皇室不過是進化版的鳳凰。

　　我想，門當戶對才是現實的愛情，而這裡指的不是財產或家世，而是思想、愛好和對生活上的各種追求，我在「愛情裡的金正恩」那篇提過：她們找的是可以一起製造核彈的夥伴，如果沒有一起造核彈的能力，至少也要有這樣的拚勁和努力。

　　每個人都有自己想要的愛情，不過，不要懶惰的過著生活然後相信「接受我一切的人才是真愛」，或是倔強的相信，老天會把一個白馬王子或白雪公主送到你面前。

　　德不配位會有災禍；刷卡超出額度會吃土；門不當戶不對也難戰勝現實。很多時候，結束單身就是一條提升自己額度、讓自己不斷變好的過程，但那真的很累。

PART

4

關於做人：
那些人，那些事

你可以把這些看做生活破事，
也可以想成：
「把跌倒當飯吃，最後卻頭好壯壯」的動人故事……

關於懷才不遇

這種心態大多好發於二十歲中後段的青年才俊身上，
他們通常認為自己非常有才華，
只是沒人欣賞、沒伯樂、沒運氣。
某方面來說，這好像是對的。

年紀輕輕就能嶄露頭角的人很少，要不是真的才華太過出眾，不然就是擁有一般人缺少的資源。而剛出社會的我們是很難展露才華的，你的才華可能被很多事情埋沒：資歷淺、學歷不亮眼、外貌平凡等。

畢業後，很多人的出路或薪資待遇其實是差不多的，然後到了接近三十歲，很多人突然發達或成功了，可能突然變成某家公司的經理，可能自己創業變老闆，或是在某個領域變成名人。而另一部分的人可能領著和剛出社會時差不多的薪水，如果開心快樂倒也無所謂，沒有人說你應該要賺多少錢，住多大的房子，一年帶爸媽出國旅遊幾次才算擁有成功或富足的人生，重點是，這些人會開始自怨自艾，覺得自己就像撒哈拉沙漠裡的柏金包，沒有人懂。

如果你有這樣的疑問，可以先問問自己：「空閒時間我都在做些什麼？」

我在大學讀英文系時，有一個同學叫 Eric，他和我一樣是翻譯

組的，印象中他是一個非常拚命的人，兼了好幾份家教、接翻譯案子，常常聽他念書到天亮，再從家裡騎車到學校，路程大約半小時。老實說，很多時候，大學的課我都是用小聰明應付的，像是撰寫讀書報告時，我很少把應讀的章節讀完，作業也都是拖到最後一刻，然而他永遠都是準備最充分的那個。後來我才知道，他的家境不好，還欠了債務，大學時的他已經要負擔家計，甚至幫忙償還債務。

後來進入翻譯研究所，Eric 繼續研讀他最愛的翻譯，畢業後我偶然在書店看到有本書的譯者名字是他，以及得知《權力遊戲》在台灣播出的字幕都是由他翻譯，還在大學教授翻譯，我打從心底佩服這位同學。

而在轉進外文系之前，我是另外一所大學的「運動與休閒學系」學生。對，我讀過運動與休閒學系，為什麼我的人生會出現這種誤會，說來話長。

當年考大學時，我背負了整個郝家族的期待，必須考上一所公立大學，於是在填志願卡時我先把最想念的公立大學英文系都填上了，然後填上看起來好像還可以的公立大學科系，最後是我從沒想過我會去念的公立大學科系，最最最後才是私立大學的英文相關科系。

放榜那天，我揪著一顆心到公立的圖書館電腦教室看榜單。坐定之後我打開電腦，等網路緩慢的將我連上我的未來。

出來了！是公立的，東部的大學，看到科系時我傻了大概五秒，「運…動…與…休閒……」這是什麼學校、什麼科系？我不懂老天爺的幽默，我不懂！我討厭體育課，連三步上籃都要重考的我去那裡要幹嘛？

騎著腳踏車回家的路上遇到川媽，「結果怎麼樣？」她開心的問。聽完我的答案後，「沒關係啦，你就當去練身體啊！」練身體？我要把我的花樣大學生活花在練身體上？

但後來我還是頭皮一硬背上行囊前往花東，現在想起那天仍覺得有幾分壯烈，媲美我入伍當天獨自前往宜蘭的景況。沒關係，只是科系名稱有「運動」不代表就要運動啊，我在心裡開朗的笑著。假賽吧！除了以抽筋之姿通過一千六百公尺的考試外，學科也是複雜到不行，記得當時還要學解剖學、生理學，每一堂課都像頭上有個大問號的可達鴨，然後就這樣過了一年。

那一年我認識了很多來自台灣各地的人，大家因為各種原因進入這個科系，這個系裡面有三分之一是體保生，有些像我志願填錯，也有些人是真的很想念這個系。印象中，有一個學長很喜歡畫畫，只要有空就會看到他拿著筆畫些有的沒的；有一個同學是游泳的體保生，但對戲劇特別有熱情，可以把每部周星馳電影的經典台詞倒背如流；有一個來自台東的同學說話非常白爛，但在他玩世不恭且笑起來智商很低的外表之下，有時又會被他的成熟想法驚訝到；還有一個同學，我從來不知道他在幹嘛，只知道他很愛打棒球。

那時真的很快樂，每天想著宵夜吃什麼，晚上衝哪裡看夜景，生活多采多姿歡樂無邊，但到了上課及考試時又很想屎，我就這樣快樂且痛苦的過了兩學期，雖然這所學校科系都不錯，未來也不至於會找不到工作，但我決定不能繼續當可達鴨了。於是，那年我考了轉學考，考上後來畢業的私校時，我的第一個想法是「可以每天念英文好開心！」我體會到每天出門上課時會哼著歌出門的感覺。

我那些同學們現在怎樣了呢？

畢業後六、七年，慢慢聽到這些人的消息：喜歡畫畫的學長後來成為很有名的插畫家，只要有用 LINE 就絕對看過他的貼圖；游泳體保生成為劇場導演；白爛的同學回到台東家鄉為了振興家鄉品牌，還出了書；愛打棒球的同學後來去念了工業設計，常看到他出國比賽，之前還得了德國紅點設計獎。

他們最後做的都是和大學所學無關的事。

我並不是慫恿大家應該在大學時不務正業，而是想跟大家分享，這些人在大學時都找到了讓他們覺得做了很快樂的事，而且一直做下去，沒有放棄。不必因為大學念了什麼科系或哪間大學就覺得自己未來就是那樣了，雖然大學科系和你的出路有關，卻沒有絕對關係。

工作這些年，訪問過一些值得登上媒體版面的人，很多人都並非從事原本所學的專業，他們做的事情各式各樣，但都有一個特點：發現了讓他們做了會很開心的事；有些人很早就發現了，有些人繞了很大一圈才發現，但終究還是「自己喜愛的事」把他們和「成功」這件事扣上了。

　　就像有些人對「網美」「部落客」或所謂的KOL（Key Opinion Leader）不以為然，當然這群人中素質參差不齊，其中也混了很多拐瓜劣棗。不過其實混得好、混得久的人絕對不是只單靠外表這麼簡單，他們很專注，在網路之外的時間，可能花了血和汗在健身，你大口吃雞排的時候他們在進行生酮飲食，你在追劇的時候他們在敲鍵盤，研究拍照。他們愛這些事情，而且知道怎麼把這些事變成工作。

　　我想說的是，「投入」這件事很重要。你可以仔細想想，自己上次投入做一件事是什麼時候？自己是真的有才華沒人看見，還是對自己產生了什麼誤會？這世界有很多有顏值卻偏偏要靠才華的人，也有很多明明應該靠拳頭卻只想著靠顏值的人。

　　如果你真的有才華，也夠投入，機會來的只是早晚而已。

實習生

燈火通明的辦公室都阻止不了她午睡的決心，

睡得像在圖書館裡的考生那般令人心疼，

我也不好意思吵醒她……

先說，我很愛實習生，他們幫編輯處理太多雜事，讓我們的工作更容易，有時更帶來好多趣味。

我曾帶著一個新來的妹妹去拍照，因為趕通告所以腳程快了些，走了大約兩分鐘後，驚覺忘了展現自己暖男的一面，回頭想問妹妹吃飽沒，這才發現她不見了！我嚇歪了，出個門活生生一個人就被我搞丟，只能怪我自己這號稱「民生東路藤原拓海」的腳程，一不小心就把一個實習生甩了好幾條街。

本想把她丟下，但抱著對每個實習生都視如己出的心情，我沒這麼做。急忙往回走，發現她像隻迷途的小鹿，急忙把她領回來。原來我先前告訴她我要去銀行領錢，但她以為是別間，也沒看見我奔進了別間銀行（again，怪我那如藤原拓海般的腳程）。事後她拚命道歉，但我沒生氣，因為我只覺得這一切太好笑了，生平第一次被跟丟，覺得十分funny，也希望那位實習妹妹不要放在心上。

記得我曾經負責帶的一位實習妹妹，說話非常天真可愛，和她對話常讓人充滿驚喜。她剛來沒多久時，我們幫她安排了座位，就在我旁邊。有天，大家都很忙，我突然想到有個實習生能幫忙，像抓到浮木似的往旁邊看，哈哈哈哈哈哈～她在睡午覺！她用外套蓋著頭！燈火通明的辦公室都阻止不了她午睡的決心，睡得像在圖書館裡的考生那般令人心疼，我也不好意思吵醒她，就讓她睡！

　　有次，總編輯把妹妹叫到身邊想交代她一些事，「妳不用筆記本嗎？我要說的有點多喔。」總編問，「嗯，不用。」妹妹自信的說。一會兒交代完了，妹妹走回位子上後，轉頭跟總編輯說：「不好意思，可以把你剛剛說的，整理好寄email給我嗎？」哈哈哈哈哈，那一刻我與同事差點直接腳軟下跪了。總編！她還是個孩子不懂事啊！

　　有天總編又叫妹妹去幫她影印，因為公司的影印機必須使用員工證，加上妹妹沒用過，所以要我帶著她教她怎麼用。總編順手把自己的卡包交給她，走到影印機後我說：「把卡片給我吧。」妹妹找了一陣，「是這張嗎？」她問。我看了一眼，只想搖她肩膀問她「到底睡醒沒？」因為那張是天殺的悠遊卡啊！

　　就這麼折騰了幾個禮拜，我想她都沒跟著去採訪過什麼大咖，心中有些過意不去，總希望她還是能學到「悠遊卡不能刷影

印機」之外的東西。那時剛好有一個頗大咖的韓星要來,有專訪的機會,我興沖沖的問她:「我要去訪XXX,妳要不要一起去啊?」當然這不是真的問題,我的意思就是要她一起去。妹妹想了想說:「他,我好像還好耶,沒關係你去就好。」哈哈哈哈!是我自作多情!

最後,主管要幫妹妹打分數,來詢問我意見,我實在想不到有什麼評語,硬要說大概就是「天真可愛」吧。

那位實習生,對我來說至今仍是個謎。

想到再也找不到這麼有趣的實習生了,竟有幾分悵然。

奶奶的人生智慧

肥羊依舊非常雀躍，
最後她問戊妹，有沒有興趣到她家幫傭，
戊妹頭皮一硬說道：「yes！yes！」

　　我的奶奶叫做戊妹，是一個非常不起眼的客家女性，小學沒畢業，也沒有好的家世背景，只有不斷在人生路上咬緊牙齦，努力奮鬥淬鍊出的人生智慧，讓她閃閃發亮。

　　她今年已經八十二歲，這本書上市時應該已經八十三歲（雖然不重要，但我還是希望你知道）。戊妹是一個很有智慧的女人，每次回去看她，她都一如往常的用流利的英語說：「Long time no see. You forget me?」問我是不是忘記她了，至於為什麼一個老奶奶會說英文，這就要從一個很有智慧的故事說起。

　　約莫四十年前，戊妹芳華正茂，但老公走得早，一個女人家獨力扶養三個兒子非常辛苦。那時村子裡有間教會，裡面提供免費的英文課，在以前的時代，女孩往往是最早被隔離學校教育的一群，小學沒讀完就被迫要開始幫忙家務，但戊妹的心裡一直都想要再多學些什麼，只要可以拿著課本就很開心。知道教會開了英文課，她很開心，工作結束後她就會到教會上英文課。

　　後來，戊妹找到在西裝店打雜的工作，幫忙客人挑選布料、

量身還有各式各樣雜事。

有天，店裡走進來一位白人女性，穿著高貴，兩眼徬徨，一看就是一頭肥羊。老闆一看機不可失，但自己不會說英文，問在場的員工誰會說英文，「我會！」戊妹鼓起勇氣說道。於是戊妹走上前，向肥羊女性說了幾句英文，肥羊非常震驚，在苗栗這個偏僻的鄉下，竟然有女子可以說英文，馬上拉著戊妹要她幫忙挑選布料，儘管還是需要大量肢體語言輔助，但肥羊依舊非常雀躍，最後她問戊妹，有沒有興趣到她家幫傭，戊妹頭皮一硬說道：「yes！yes！」

原來她是煉油廠顧問的妻子，夫妻都是法國人，平時丈夫去上班，她就一人在家，因為語言不通，生活起居都很不方便，最大的願望就是可以找到一個人陪她到市場買菜，而戊妹根本是天上掉下來的禮物。因為長得有些姿色又是寡婦，當時的戊妹在市場已經小有名氣，加上身旁還有一個法國肥羊，那更是不得了。

戊妹開始帶著肥羊上市場，每次出現，她白金色的頭髮、玻璃一般的眼珠、白皙的皮膚都會引起驚呼和注目。戊妹開始行情看漲，買菜送蔥、買肉打折變成家常便飯，肥羊以為戊妹真的很受歡迎，開始越來越信任戊妹。腦筋動得快的戊妹，想著要怎麼利用這樣的人氣賺錢。有天，她跟肥羊說，她有經濟壓力，家裡有三個兒子要養，光靠幫傭的薪水實在很辛苦，問她可否每天陪她買菜後，繼續在菜市場賣烤地瓜。肥羊聽了說：「好吧，那妳

賣烤地瓜的時候，我就在旁邊等妳好了。」這時，肥羊正一步步走入戊妹精心設計的陷阱裡。

果然，因為有肥羊在，戊妹的烤地瓜生意蒸蒸日上，大家都想來看金髮碧眼的外國人。漸漸的，肥羊甚至還會幫忙叫賣兩句，她就這樣從老闆娘變成戊妹的烤地瓜看板娘。

也因為賣烤地瓜，戊妹順利把三個兒子扶養成人，還在苗栗蓋了一棟房子，說起這件事，戊妹到現在都還非常得意。她常會問我工作如何，如果有不順心，她就會說，這些都是磨練，就像她如果沒有那些英文課、西裝店打雜、幫阿斗仔幫傭，哪有現在這間房子？

很多時候，現在的工作不管多累，都會是未來的累積，都可能幫你開啟其他大門，看起來沒用的學習也都是練功。只要工作沒有讓你持續有輕生或殺人的念頭（偶爾有是很正常的，誰的腦袋裡不是屍橫遍野？）只要這份工作還有值得你忍耐的地方，就繼續忍著吧；但如果沒有，那就滾得越遠越好，別的地方肯定有肥羊。

刺青

川媽是一個很典型、對很多事情都有成見的女性，我從她嘴裡聽過很多會讓我在心裡跌倒的以偏概全論述，例如：原住民都很好吃懶做、南部人心機很重（哈哈哈哈哈哈～這點我真的不知道是哪來的idea，我代替川媽跟所有南部人道歉）……

她還有一個很大的成見就是刺青。

她非常討厭刺青，以及刺青的人，她曾經說過：「如果你去刺青，我就把你趕出去！」我那時說：「可是爸也有刺青，妳還不是嫁給他了？」說到我爸的刺青，真的很奇葩──醜到奇葩。

他身上有……大概七個刺青，每一個都醜到像幼稚園兒童畫的。左腳有一隻很像兩根筷子插著一個雞屁股的圖案，那是隻鶴；右腳有一條眼鏡蛇，但是長得像大便；胸前有一對長得很寒酸的青天白日滿地紅國旗，大小很尷尬，像是兒童餐裡插在漢堡上的那種；肚子上有一個貓頭，不是貓頭鷹，就是一顆貓的頭，占了他肚子三分之二，而且貓的臉已經歪掉。

總之，川爸全身的刺青都很掉漆，他說，那都是在金門當兵時，同袍幫他刺的，以土法煉鋼的方式把針燒熱來刺，所謂瞎忙

一場大概就是這麼一回事。

回到川媽跟一個有刺青的人結婚這件事，她說：「我哪知道，結婚前又沒看過他的身體！早知道這樣就不嫁他了！」這件事告訴我們，婚前性行為的重要～開玩笑的！

但，不孝如我，冒著被趕出家門的危險，最後還是刺青了，而且還刺了三個（書出版時我應該已經有了第四個），我心想著反正也不會在川媽面前裸體，就很放心的刺了。不料有天我就這麼不小心的把去海邊玩的照片發到社交網路，本來那也沒什麼關係，但我偏偏不久前教會川媽如何使用社交網路。對，這一切都是我自己造成的。

「兒子，你手上的是什麼？是貼的吧？你知道我有多討厭刺青。」

那一秒我嚇歪了，畢竟從小到大我沒做過什麼讓川媽擔心或失望的事，腦袋裡瞬間閃過很多想法：「說那是貼的好了，一輩子都不會掉色的那種。」不對啊！那還貼個屁啊，就直接去刺不就好了！「還是去買個粉底液，用遮瑕的方式遮掉刺青呢？」不對啊！我的刺青圖案應該要用大體化妝的程度才能遮掉吧！那我每次回家都要遮瑕一次？天啊，心好累！

在經歷了一場如同恰恰舞來回般的腦內風暴後，我還是決定說實話。我快速搜索了一次我的人生經歷，回想每次犯錯讓川媽

大發雷霆時，我是如何全身而退的。找到了，溫情攻勢！

　　雖然我不覺得刺青有什麼不對，但我明明知道她很在意這件事，卻沒有事先和她討論，於是我跟她道歉：「媽咪，很對不起，我沒有事先和妳說，但這個刺青是我想了很久之後做的決定，我本來也可以遮遮掩掩，或是想個藉口繼續騙妳，但妳是我的媽媽，我最愛的人，所以我還是決定告訴妳。」

　　原本以為川媽會立刻心軟，但沒想到她已讀不回，讓我接下來的兩天寢食難安。

　　但在一個週末的早上我收到川媽的訊息：「兒子這週回來嗎？愛你。」

　　「嗯，會喔，也愛你。」

　　果然，再怎麼討厭，終究還是敵不過愛。

老派愛情之必要

直到有一天，彩彩發現森灶突然消失了，
那個在學校的討厭鬼不見了，
來糖果店買東西時偷摸她小手的無賴突然不上門了……

想跟大家分享川爸、川媽年輕時的愛情故事，雖然沒有轟轟烈烈，但還算小清新。

川爸森灶、川媽彩彩（為保護當事人，名字均採用化名）都來自苗栗。森灶小時候的家庭環境不好，爸爸走得早，由媽媽一人帶大；相反的，彩彩的爸爸是公務員，媽媽還開了一間雜貨店，家中有屋又有田，生活樂無邊。

小學時，森灶下課回家途中都會看到已經在家的彩彩幫忙看店，胖嘟嘟的，邊看店邊偷吃店裡賣的糖果，模樣甚是可愛，他從那時就注意到彩彩的存在。長大後，森灶常常跑去雜貨店偷看彩彩，順便大喊「細妹安靚喔！」（客家話：小姐好正喔！）之類等很中二的事，但那時的彩彩只覺得他很煩，而且她的眼裡只有糖果，糖果就是彩彩的天。

後來，到了高中，森灶開始死纏爛打，還在兩人剛認識時就說「我以後要娶妳」，那時他們才十六歲。果真，烈女怕纏夫，

彩彩被追到手了，兩人開始交往，過著只羨鴛鴦不羨仙的日子（為什麼到這裡都很像《藍色蜘蛛網》的口白）。

慢慢到了高三，森灶開始發現自己對念書沒興趣，於是翹課、學壞、在學校搞蛋。彩彩是好人家的女孩，自然看不慣爛泥扶不上牆的森灶，兩人漸行漸遠。直到有一天，彩彩發現森灶突然消失了，那個在學校的討厭鬼不見了，來糖果店買東西時偷摸她小手的無賴突然不上門了，彩彩開始悵然若失，連偷吃店裡的糖果都開始食不知味，很難過的又胖了幾公斤。

原來，森灶去當兵了，這一跑就是到金門兩年。期間，森灶完全斷了聯繫，連一封信紙都「no速」，以現在的語言來說就是連一個「賴」都沒有（手腕非常高明）。彩彩急了，寫了一封信問森灶憑什麼這樣消失不見，森灶看了還是沒有回信。

退伍後，森灶跟媽媽直接到彩彩家提親，對，兩年不見，一見面就是提親，把彩彩跟她媽都嚇歪，在心裡老派綜藝跌倒十次。當時，聽說還有一個鎮上的醫生在追彩彩（當然，這有可能是彩彩瞎掰的），但彩彩的媽媽告訴她：「我看森灶追妳追這麼久，這麼有心，老公就是要挑這種的，妳答應吧。」後來彩彩真的選擇了森灶，醫生哭哭；那時的愛情真是單純，如果是現在，應該有百分之八十的人都會選醫生。

有一次，彩彩抱怨自己怎麼會選森灶這樣沒錢的老公，森灶

聽了說：「對，我沒錢，但我把我的所有都給妳了。」阿娘喂，森灶根本是撩妹國手，這樣浮誇的話都說得出來，但是這種話可以等我不在時說嗎？

　　森灶跟彩彩的愛情故事，我從小聽到大，每次都聽到手腳捲曲卻又忍不住一直追問細節。寫到這裡，I can't help but wonder（矯情嘴臉）：這樣單純的愛情還存在嗎？

　　之前剛好去月子中心看一位老同學，她說胎教都是騙人的，懷孕時，她天天拿著藍正龍的照片欣（一ˋ）賞（一ㄣˊ），但生出來的孩子怎麼還是像她跟老公（啊不然咧？）但我們最後的結論是，孩子不管怎樣，健康最重要（很勉強的溫馨結尾）。

菜園奇案

心裡起疑的甄環有一天決定埋伏在菜園附近，
看到底是誰對她含辛茹苦拉拔大的青菜痛下毒手……

曾有個朋友跟我抱怨公司小人好多，原本她以為在公司能交到朋友，後來卻發現同事在背後陰她，還把她辛苦弄好的企畫整碗端走，真心換絕情，衰的程度大概是唐綺陽給她的工作運連一個公事包都沒有，只有提把。但說到底，她真的太天真了，職場如後宮，處處是小人啊，妳以為《甄環傳》只是演幾百年前的破事嗎？

前面提過，我的奶奶是一位充滿智慧的女性，小學都沒畢業，卻能說得一口流利的英文，雖然文法不對，但她很有自信，所以氣勢驚人，猛一聽會覺得太厲害了，怎能如此流暢；仔細一聽，只會覺得她到底在工三小。但，這不是這篇的重點（那為什麼要花一段的篇幅說呢？）

有一次回鄉，發現奶奶家貼了一張紙，一問之下才知道背後故事：奶奶在苗栗種菜，認識了附近一起種菜的農友，大家平時也會聊天串門子，她們可以說是田園版的 Gossip girls，尤其她跟某一位特別要好，就像 Queen B 與 Serena，如果覺得這個比喻太遙遠，那就把她們想像成甄環與安陵容吧。

前陣子，甄環（我奶奶）發現菜園的菜常常離奇死亡，菜園常常遭到破壞，心裡起疑的甄環有一天決定埋伏在菜園附近，看到底是誰對她含辛茹苦拉拔大的青菜痛下毒手。

　　在昏暗的夜色中，環環（我奶奶）看見一個瘦小的人影，偷偷摸摸的走進她的王國（菜園）開始破壞，只見她手起刀落，拿起一把青江菜就是一丟，右腳一飛踢倒籬笆，想不到她竟有如此身手，可謂高手在民間。

　　原來那個泯滅良心的惡賊就是她的好姊妹，一直以來都嫉妒環環的菜比她的美，嫉妒她的農地比她大。失望的環環並沒有當場抓住她，只是在農地旁立了一個牌子，寫著：「人在做，天在看，天網恢恢，疏而不漏」（奶奶雖然國小沒畢業，但是都有看《藍色蜘蛛網》）。

　　後來兩人當然沒有繼續當朋友，菜園也沒有再遭到破壞，失望的環環寫下「處處有小人」五個字提醒自己，小人就在你身邊，連在苗栗種菜都可能被陰，更何況是都市的職場，別只想著交朋友，因為小人隨時都有可能來拔你的菜。

　　就像每次半夜被蚊子咬，以前我將燈一打開就習慣往天花板四周牆壁看，後來發現踏馬的那些吸飽飽的蚊子都躲在我旁邊啊！好像知道最危險的地方就是最安全的地方。

　　以上故事告訴我們，知人知面不知心，偷你菜的、吸你血的、往你背後插箭的，往往是站在你身後的那位。

姊姊卡到陰

接著他開始做法，拿著一把劍「督來督去」，
對姊姊鬼吼鬼叫，
噴了她一臉不知是符水還是口水……

寫這篇時正值農曆七月半，在一個失眠的夜晚，我望向窗外，一片漆黑，只有幾聲狗吠，像在哀悼我的無眠（對，世界都繞著我公轉），我隨手拿起一本放在家裡很久且從沒翻過的書，書名叫《天哪！不會是卡到阿飄吧？！》，這是我同事送的，但從來沒認真翻過，因為我無法take it seriously，換做是你們，你們能嗎？我以為這本書可以幫我入眠，結果，不讀還好，一讀根本停不下來！一路看到四點！讀完。

一個回頭，我想起姊姊以前也曾經卡到陰，這時，窗外吹進一陣涼風，把我的思緒帶到十多年前。

川媽以前是個非常迷信的人，而姊姊從小就很有個性，討厭念書，一看到書本就昏死，連健康教育都考不好，心臟左右不分，又愛頂嘴，在老人家眼裡就是歹囝仔；而我則是人見人愛的那款，成績好又長得可愛，甚至有算命說我是文曲星轉世，跟許仙的兒子一樣（天啊，我是民間故事字典）。

不誇張，小學時不論男女大家都搶著要跟我玩，甚至搶我搶到我幾乎要有生命危險，到我倒地了都還硬要拖行到他們的地盤跟他們玩，現在想想，這樣的愛真的好危險啊　還是，他們單純想置我於死地？

總之，媽媽相信姊姊一定是出問題了，才會看到書就倒地不起，又愛頂嘴。因緣際會下，碰到一位老師，在這裡叫他神棍，他說姊姊的魂跑掉了，要做法叫回來。於是我們全家陪姊姊到神棍的神壇，接著他開始做法，拿著一把劍「督來督去」，對姊姊鬼吼鬼叫，噴了她一臉不知是符水還是口水。我在旁邊很想笑，但我不能，因為姊姊的魂不見了，很嚴重，必須嚴肅。

做法結束後，神棍說姊姊之後就會讀書專心、不頂嘴，結果她一路吊車尾到二十歲畢業，頂嘴頂到三十歲依舊持續不懈。

回到之前提到的那本書《天哪！不會是卡到阿飄吧？！》作者 Eddie 老師是位能量師，講俗一點就是驅魔師，他說，世界的一切物質都是由能量組成的，阿飄也只是一種能量的呈現，人死後，會因為很多原因留在人的空間，而人和這樣的能量共處在同一個空間裡，自然就會卡到。

一般人是有防禦機制的，就像對抗感冒病毒一樣，但有些原因會導致我們抵抗力下降，然後卡陰，下面三種人最容易卡陰：

一、身體虛弱的人（很好理解）。

二、心智渙散的人，書中舉例像是走路玩手機的人。天啊！就是捷運裡低頭看韓劇的捷客們！不要再低頭了！容易卡陰啊！

三、脆弱的靈魂，簡單來說就是腦波很弱、很容易被人牽著走的人。

書裡還有提到很多像是下蠱、放符、風水等，都是用很科學的角度解釋，讓我發現原來很多事情真的是因為無知和恐懼才讓它變得可怕。

故事說到這裡，我知道我欠你們一個溫馨的結尾。我的姊姊後來發現，她的興趣在廚房而不在書房，現在嫁了好老公，生活幸福美滿。而她十八年前白白被吐了一臉口水，至今仍被我拿出來笑。

跌倒沒關係，
沒人看見就好

希望我們仍有玩屎的勇氣和幽默感，
跌倒了也有馬上爬起來的勇氣，
不要活輸了小時候的自己。

我不是一個善於回憶的人，尤其是兒時的回憶，那幾年是零碎的，沒有特別形狀的。但有些片段總能毫不費力的回想起來，那段回憶是有顏色的，甚至是有氣味的。

很不好意思的要跟大家說兩段的關於屎的故事，那畢竟是我成長的一部分，慧川莫不敢忘，只希望你在看這篇的時候神智清醒，而且不是在用餐。

小時候爸媽在台北工作非常忙碌，所以六歲以前我和姊姊都住在苗栗奶奶家，三人相依為命。那是一間三層透天厝，就是奶奶辛苦一輩子好不容易攢下的房子。

奶奶每天早上要到菜園種菜，中午才會回家，為了安全會把我和姊姊帶到頂樓的神明廳，那裡沒有門，她就用一塊木板擋著，把我們姊弟隔在頂樓。神明廳裡什麼都沒有，也沒廁所，只有兩個尿桶，姊弟倆一人一個，拉撒都在那。在那樣將就的環境中，養成了我隨遇而安的性格，今日即便辦公室再吵雜，我都可

以打瞌睡。也許奶奶相信頂樓有祖先在，也沒什麼危險因子，那是最安全的做法。仔細想想，我們能平安長大或許也是祖先看顧。

頂樓的日子是非常無聊的（彈菸灰），每天只能一直望著窗外，像要把天空望穿似的，碰到晴朗的天氣時，會希望來場大雨，這樣奶奶就會快點帶著滿籃的蔬菜回來（好感人）。在那個物資缺乏的時代裡，家裡沒有塑膠玩具，也沒有電視手機，只能自己找樂子。我和姊姊的性格很不一樣，我會想遊戲，她會去執行，如果用英語比喻，我是大腦，她是肌肉，我動嘴，她出力。

某天，實在是太無聊了，頂樓能玩的都玩完了，我的眼睛將所有東西都掃了一遍後，發現還有一個未知的領域——尿桶。

「我們要不要去玩那個？」「嗯…好啊，你玩我就玩。」姊姊果然是莽夫，她馬上拿起其中一個尿桶問：「然後呢？」「妳把它倒出來啊。」我說。姊姊兩手一翻，青的、黃的、棕的條狀物全都嘩一聲跌到地板上，有些跌得用力一點的，碎了，如果能回到當時，我會說一聲「碎碎平安」。

倒出來之後，我們都笑了，笑得歇斯底里，原來我在當時就有過人的幽默感。靈感和意外一樣，總是來得猝不及防，我告訴姊姊：「妳拿拖鞋拍拍看。」魯莽的姊姊便拿起藍白拖往地上拍了幾下，條狀物不只更碎，還不斷飛濺到牆上，像煙花綻放在神明廳四周，看到我幾度失了神。人在進入狂喜狀態時會忘了時間的流逝，這我在四歲時就知道了，因為我完全沒注意時間已經來

到中午，奶奶早就站在木板門旁。

當時，恐懼有了形狀，也有了氣味和顏色。

奶奶的表情很複雜，臉上露出一種像是極度憤怒後失控的微笑，用客家話怒吼：「是誰准你們兩個玩大便的？！」（終於說出來了，會不會有人看到這裡才知我們前面在玩什麼？）接著，我的記憶就是一片模糊，只記得藤條飛舞在我和姊姊身上，其他的，也記不清了。

隔天，奶奶找來叔叔和大伯到頂樓收拾殘局，有些渣已經變硬巴在牆上、天花板上，他們到場也是看傻了眼，「這你們也可以玩？」一邊碎念一邊清理，花了兩週時間才清理乾淨。現在回到神明廳，仔細找找還能找到我和姊姊二十幾年前留下的痕跡，你也可以把它稱作回憶，比較詩意。姊弟倆玩的不是屎，是遠方。

之後，爸爸每次要訓誡我不能玩火，或是不能吃地上的石頭時（川不是貪吃，是當時的物資缺乏），會習慣用「屎」來反問，例如「叫你不能玩火不聽！屎能玩嗎？！」但每次這樣問時，臉上總會閃過一絲尷尬，因為我和姊姊的確玩了屎，還在列祖列宗前把屎玩成了詩。

那個第一次（也是最後一次）的玩屎經驗成了我和姊姊長大後茶餘飯後的話題，也成了長大的養分（到底是什麼養分？）

關於屎的回憶，還不止於此。

我從小就跟媽媽比較親，和爸爸不太一樣，那一輩的父親總是比較愛耍酷，也沒什麼幽默感，和爸爸約莫是到了高中才開始漸漸親近。我小時候雖然品學兼優但也有很多毛病，例如常常失眠，所以半夜會去搖醒媽媽，只要她抱著我就可以很快入睡（也很感謝那時候的安眠藥還不普及，不然她可能會餵我吃安眠藥），在學校發燒、被欺負、連絡簿忘了簽、作業忘了帶，小學二年級在褲子上拉屎……我第一時間都會想到媽媽。

　　說到大便在褲子上，請你收起帶有成見的眼神，相信一定有很多人都發生過這種慘劇，畢竟誰能無過，誰不拉屎？

　　當時我在上課中突然想大號，年紀小的我不敢告訴老師，想忍到下課，但無奈事與願違，屁股不爭氣，竟然全部梭哈噴到我的蠟筆小新內褲上。很快的，教室裡都是屎的臭味，開始有同學跟老師說好臭，老師也覺得實在臭到離譜，於是中斷上課，呼籲在教室裡大便的學生自首。

　　但當時夾帶高人氣而當選班長及公認班草的我，死都不肯承認，還大聲的跟同學附和說「真的好臭！」（捏鼻）最後老師急了，叫全班列隊，她要一個個聞屁股，勢必要揪出拉屎的學生。

　　然後，她真的一個個聞，但我告訴自己冷靜，絕對不能露出馬腳，否則不知道要被取什麼難聽的綽號。輪到我時，老師聞的好仔細，還用手拍了拍，也許是嗅覺已經疲乏，最後她說：「也不是你！」

那一刻是對我演技最大的認可，我的心和括約肌終於可以放鬆了，於是又出來了一點點（什麼東西又出來了？）

下課之後，我立刻夾著屁股回家找媽媽，想告訴她我有多委屈，卻被狠狠臭罵一頓，不過罵歸罵，她還是捏著鼻子在浴室幫我洗屁股。有個地方能回去撒嬌是很幸福的，不管是受了委屈，累了，還是⋯⋯大便在褲子上。

我離鄉背井（其實也就是桃園到台北），但只要放假沒事就會回老家躺著，給媽媽看看也好，畢竟文字與電話都比不上真人觸感，雖然朋友都會笑我是媽寶，但我不在意那些嘲笑，就像范冰冰說的：「萬箭穿心，習慣就好。」

有人說，人在成長的過程裡會失去很多小時候擁有的東西，像是純真、誠實、熱情，還有勇氣。小時候的我們跌倒了，哭一哭，眼淚擦乾就急著去找吃的、玩的，很少會糾結在自己有沒有流血，或是掉了幾塊皮。而我們在不斷長大的過程裡，看似在進化卻也不斷退化，丟了那個向前看的人生態度。

希望我們仍有玩屎的勇氣和幽默感，跌倒了也有馬上爬起來的勇氣，不要活輸了小時候的自己；別因為自己曾和屎攪和過，或是跌得灰頭土臉而感到丟臉，畢竟你不說，世界上知道的人不過幾個，過去種種譬如昨日死，今天活得漂亮就夠了。

誰是郝慧川？

你能讀到這裡，我大膽猜測你不是很閒，就是對慧川抱著一份真愛。為了報答你的愛，我準備了一份FAQ讓你更走近慧川一些，來，把手給我：

慧川慧川！你真的是男人嗎？

是的，從頭到腳，外表到內心，前面後面，身分證正反面都是男性，雖然有時會坐著小便，但是男人無誤。開始用郝慧川的名字出道時（？）本來想呈現中性的形象，但越來越多人叫我郝小姐，讓我有些不知所措，反而讓我寫文章時有些卡卡。總之，我的生理和心理都是男性沒錯。

「郝慧川」這個名字怎麼來的？

之前接了一個穿搭單元，便為自己取了這個藝名。二〇一五年十二月，我在好友的鼓勵下用這個名字在臉書出道，想不到一炮而紅（？）！

你的生日是？

一九八五年七月，巨蟹座Ａ型。如果要送慧川禮物，請不要送價值超過新台幣10萬元的東西，慧川會有負擔。

感情狀態？

單身，除非你要追我，否則感情只能問到這。我注定只能是個活在眾人眼光下的偶像。

身高體重？

四捨五入一米七，體重六十一，穿衣顯瘦，脫衣有肉。

服過兵役嗎？

慧川是憲兵出身，梯次七七七。對，當年兵源短缺。

慧川慧川！你來自哪裡？

桃園。目前北漂至台北工作。

有兄弟姊妹嗎？

有一個雙胞胎姊姊，俗稱的龍鳳胎。

學過武術嗎？

小學時學過一學期的太極。

在學校擔任過股長嗎？

大部分是名字很好聽但不太重要的職位——純粹只是因爲受歡迎，所以當了副班長；也當過一學期的學藝股長，被發現字很醜後就沒連任過。

有運動習慣嗎？

微健身。

最喜歡的演員？

周星馳。

最喜歡的場所？

機場和飯店的廁所，家中床的左下角。

討厭什麼？

蟑螂、蚊子。線上遊戲廣告。素魚、素雞腿、素牛排，所有素肉。低級當有趣的東西，嗯……像是什麼呢？福祿猴吧。

慧川慧川！我不喜歡你，可以罵你嗎？

不可以，我有強大的律師團隊。

慧川慧川！我已經瘋狂愛上你怎麼辦？

別愛我，如果只是寂寞，先從把我的粉專設為「搶先看」開始吧。

給發問嗎？

好，我最愛的便當種類是雞腿，這是我能給的最大溫柔了。

最後有什麼話想對粉絲說？

謝謝你買這本書，你會有好報的。

Eurasian Publishing Group
圓神出版事業機構
用心為您設想，成就美好閱讀

方智出版社
Fine Press

www.booklife.com.tw

reader@mail.eurasian.com.tw

自信人生 153

跌倒沒關係，沒人看見就好

作　　者／郝慧川

發 行 人／簡志忠

出 版 者／方智出版社股份有限公司

地　　址／台北市南京東路四段50號6樓之1

電　　話／（02）2579-6600 · 2579-8800 · 2570-3939

傳　　真／（02）2579-0338 · 2577-3220 · 2570-3636

總 編 輯／陳秋月

副總編輯／賴良珠

專案企畫／沈蕙婷

責任編輯／鍾瑩貞

校　　對／鍾瑩貞 · 沈蕙婷

美術編輯／林雅錚

行銷企畫／詹怡慧 · 王莉莉 · 林雅雯

印務統籌／劉鳳剛 · 高榮祥

監　　印／高榮祥

排　　版／杜易蓉

經 銷 商／叩應股份有限公司

郵撥帳號／18707239

法律顧問／圓神出版事業機構法律顧問　蕭雄淋律師

印　　刷／國碩印前科技股份有限公司

2018年12月　初版

2023年4月　12刷

定價 320 元　　　　ISBN 978-986-175-511-3

不管你現在覺得你有多麼懷才不遇，也絕對不要失去希望，你只要想成是「我經歷的事情越多，就代表我與生俱來的種子會造就越大的事業」。

　　　　　——《神啊！我不想再努力了，請直接告訴我成功的方法吧！》

◆ **很喜歡這本書，很想要分享**

圓神書活網線上提供團購優惠，
或洽讀者服務部 02-2579-6600。

◆ **美好生活的提案家，期待為您服務**

圓神書活網 www.Booklife.com.tw
非會員歡迎體驗優惠，會員獨享累計福利！

國家圖書館出版品預行編目資料

跌倒沒關係，沒人看見就好 ／郝慧川 作.
-- 初版 .-- 臺北市：方智，2018.12
224面；14.8×20.8公分 -- （自信人生；153）

ISBN 978-986-175-511-3（平裝）

1.人生哲學　2.生活指導

191.9　　　　　　　　　　　107017388